Maria Quanjer

Ma vie, ma vérité

Petites Histoires - Grands Moments

Essais

tu apparais
par surprise
à l'entrée de mon cœur

pour toi

PRÉFACE

Enfant, je racontais des histoires à mes cousins à l'heure d'aller au lit. Quand j'étais au-pair à Paris j'écrivais des centaines de petits récits pour mes amis. Plus tard je rapportais nos aventures de vacances. J'adorais ça ! Toujours des petites histoires. Des milliers !

C'est évident ! Je me rends compte tout à coup que ces histoires forment le fil rouge de ma vie. Cela ne m'a jamais vraiment frappé auparavant.

A la veille d'une nouvelle aventure, je commence mon blog. « Le monde est ma maison ». Je le ressens vraiment comme ça. J'ai abandonné beaucoup de choses ces dernières années. Là, je quitte ma maison et j'entre dans le monde en toute confiance et cela coïncide avec le début de mon blog.

Les autres histoires que j'écris commencent environ trois ans plus tôt. Ils sont le récit de ma transformation de chenille en papillon.

Lâcher prise. Aimer. Vivre … vraiment vivre.
De beaux mots. Mais qu'est-ce que cela veut dire vraiment …

Je suis à un tournant de ma vie. J'ai gagné en confiance, courage et persévérance et je suis capable de renoncer à ce qui ne me sert plus. Toutes ces choses inutiles qui m'ont empêchée de vivre la vie telle qu'elle doit être vécue … une vie riche. Riche, c'est-à-dire une véritable richesse … la richesse intérieure.

Avertissement

Le lecteur est averti que – au fur et à mesure - deux histoires s'entremêlent et se tissent.

Petites Histoires Quotidiennes - L'écriture en italique
Grands Moments de la Vie - L'écriture en romain

Mars 2011
Désir

Oh toi, sentiment intense
Remontant des profondeurs en bouillonnant
Tu m'exploses
Tu me déchires
Je ne te supporte pas

Va t'en loin de moi, désir
Laisse-moi, s'il te plaît
J'aspire au calme et à l'insouciance

Hourra, j'ai retrouvé la paix
Je ne suis plus déchirée de l'intérieur

C'est calme en moi

Trop calme
Ma joie a disparu
Plus rien ne m'arrive

Oh sentiment violent de désir
Reviens en moi
Je veux ressentir à nouveau
la joie et le plaisir
la douleur et la peine

Bonheur ! Tu es de retour
Laisse-moi t'embrasser
Mon Désir Intense

Base emportée

Existence fragile

Tu apparais à l'entrée de mon cœur .... par surprise.

Les affaires
Il y a quelques années

Aujourd'hui quelque chose s'est brisée en moi. Définitivement brisé. Cet entretien m'a beaucoup affecté. Non, les mots plutôt. Non, pas les mots non plus. C'est le fond qui me choque. Non, pas non plus le fond, plutôt mes attentes, nos accords qui sont mis à mal.

Les mots sont sans émotion. Ce sont tout simplement des mots. Je fais de mon mieux pour ne m'en tenir qu'aux mots. Les mots qui continuent à sortir de la bouche de mon interlocutrice. Paroles, paroles … ça n'arrête pas. Viens au fait, me dis-je. Je connais déjà son point de vue. La veille au soir j'ai senti qu'une bombe avait été placée sous notre collaboration.

Les mots deviennent phrases. Mon monde s'écroule. Ce qu'il y a derrière les mots me blesse profondément. Je sens les larmes monter. Ne pas les montrer - surtout non, pas ça ! Cela ne fait qu'embrouiller les choses.

— Mon point de vue est purement professionnel. Je ne dois pas me laisser influencer par ta situation, dit ma partenaire.

— Non, bien sûr que non.

Je m'entends dire qu'en effet, on part d'un point de vue professionnel. Mais je ne le ressens pas du tout comme ça. Toi et moi, nous nous sommes engagées dans notre entreprise, notre collaboration. J'ai quitté mon boulot pour ça !, me dis-je, mais je n'arrive pas à l'exprimer. Eh non, je ne dois montrer mes larmes sous aucun prétexte. J'ai la gorge nouée.

Sur une feuille devant moi je note : 3 jours x 2 = 6 jours. Il nous reste 6 jours.

— C'est bien de pouvoir se dire les choses en face.

Je réponds tant bien que mal :

— Oui, c'est bien, hein ?

Mon monde vient de s'écrouler.

— Je vais réfléchir, dis-je. Je te dirai ça lundi.

Mais je sais déjà que quel que soit ma réaction, ça n'aura pas d'impact, ça ne changera pas la position de ma partenaire. Pour elle, c'est clair et net. Elle réfléchit en euros. Elle pense à son train de vie. A la vie qu'elle veut mener, sans soucis d'argent, une chouette vie avec beaucoup de sous.

Nous retournons chacune à nos bureaux. Je mets mes oreillettes … Bach … bien fort. Bach est métrique, Bach est mathématique, Bach est très logique. J'en ai besoin pour apaiser mes sentiments qui sont à vif, pour me calmer, pour ne plus m'étrangler. Ouf, ça soulage un peu, Bach.

— Je veux te montrer quelque chose de rigolo, une blague.

Elle tourne son écran vers moi. Le chanteur Harry Jekkers « Je m'aime … je t'aime » … et puis ça y est quand-même … les larmes coulent sur mon visage.

Cette chanson, ces paroles me touchent profondément. Je m'aime. Je t'aime. Pendant un moment je me dis que ma partenaire l'a choisie exprès pour l'occasion. Pendant un moment je m'imagine que ces paroles me sont exclusivement destinées. Je pense qu'elle est sincère en me faisant écouter la chanson.

Si ça pouvait être vrai. J'aime bien cette chanson … aimer …
Les larmes continuent à couler.

— C'est juste une blague, tu sais. On s'est bien marré en
l'écoutant l'autre jour.

J'encaisse … tout.

Mon esprit flexible entrevoit déjà des possibilités. Si je
travaille moins avec ma partenaire, j'aurai davantage de temps
pour mon livre … la liberté !

Plus tard je comprends que ma flexibilité constitue aussi une
fuite en avant. Pour échapper à l'intensité de mes sentiments,
pour les maîtriser. Une fuite pour ne pas éclater en sanglots,
pour me contrôler.

Ma base s'est effondrée. J'ai perdu mes certitudes d'un coup
… pas de boulot, pas de revenus, l'hypothèque de la maison,
deux enfants qui passent leur bac et qui vont bientôt aller à la
fac.

Quel est le sens de tout cela ?
Quelle leçon en tirer ?
Qu'est-ce que je dois apprendre, transformer, changer ?

Un peu plus tôt dans la journée, en me rendant au travail, je
suis passée devant le tribunal international. Là où sont jugés les
grands criminels. Le bâtiment est hermétiquement sécurisé. Des
barreaux épais, de hautes grilles solides. Des caméras. C'est ici
que travaillent les personnes qui condamnent d'autres personnes

à des peines de prison longues. Je regarde le bâtiment … c'est amusant … les gens qui travaillent ici sont eux-mêmes en prison.

Le côté international me plaît bien.
Mais être prisonnière de mon travail ? Non !
Est-ce que je le suis aussi ?

Le monde est ma maison
Le hasard - mai 2014

Je viens de tirer une carte : Attention au hasard !

Le lendemain matin je prends le thé avec une amie. Nous nous sommes installées au bord de la rivière. J'adore l'eau. Je mets mon amie au courant de mes projets.
— Tu vas faire un blog
— Oui, j'en ai l'intention.

Le soir, après une balade dans le vent sur la plage, je lève mon verre en compagnie d'une autre amie. Je lui fais également part de mes projets. Le lendemain matin elle m'appelle :
— Je suppose que tu vas faire un blog … comme à l'époque où tu faisais le chemin de Saint Jacques de Compostelle. J'ai déjà trouvé un nom « Citoyenne du monde sans domicile fixe ».
Je réponds :
— Oui, ça va être le titre de mon blog.

Est-ce le hasard ? Pour moi le hasard n'existe pas, juste la synchronicité.

Je suis allée à la bibliothèque pour chercher des renseignements sur les blogs. Il y en a beaucoup : Blogger, WorldPress, Tumblr. Il va falloir choisir … rien que cela pourrait m'empêcher de commencer … je me connais. Finalement j'opte pour Blogger, il me paraît le plus simple. Je pourrai toujours changer pour WorldPress.

Et j'appelle mon blog « Le Monde est ma Maison ». A la veille d'une nouvelle étape de ma vie, ce titre me paraît tout à fait adapté.

Engagement

Il y a des mois j'ai démissionné de mon CDI et ça fait un petit bout de temps maintenant que je travaille avec ma partenaire. Le courant passe entre nous. On a des idées. On va se consacrer aux personnes âgées. Mettre en contact les séniors et leurs enfants, les séniors et les institutions. On veut une pollinisation croisée, un échange de savoirs et d'expériences, on ira peut-être même jusqu'à créer un Conseil de Sages.

« Tu vois ça comment ? Je le vois comment ? Qu'est-ce qu'on peut apprendre l'un de l'autre ? Quelles autres solutions pourrait-on trouver pour résoudre nos problèmes ? »

Je crois en ces échanges. Ça s'appellera « Moments Précieux ». Des moments de rencontre et de mise en relation. Creuser ensemble, toucher l'autre afin d'arriver à quelque chose de nouveau. Nous créons un environnement dans lequel les gens se sentent suffisamment en sécurité pour apporter, à leur façon, des changements dans leur vie, tout en restant eux-mêmes. Quelque chose qui leur fait du bien, à eux et à leur entourage. Ne serait-ce qu'un sentiment de joie, la joie de savoir qu'on compte en tant qu'être humain. C'est ainsi que je le conçois.

Au bout d'un certain temps la question de la rémunération pointe le bout de son nez. Ça bloque ma créativité et tout ce qui compte pour moi. Je ne crois pas aux grilles de salaires. Je crois que les choses se font de l'intérieur. Je suis persuadée que, si je me voue cœur et âme à mon travail, que j'utilise mes talents pour venir en aide aux personnes, la récompense suivra. Je l'ai expérimenté à chaque fois … quand on s'engage vraiment, on est récompensé.

Ma partenaire veut immédiatement cueillir les fruits d'un arbre qui a à peine formé ses racines, qui n'est qu'une pousse qui vient de sortir de terre.

Après notre entretien je comprends que nous avons une vision différente de la vie. Au fond je le savais depuis longtemps, mais je ne voulais pas l'admettre. On est si bien ensemble. Cela me change après mes dures années de galère. Je lâche un peu la bride de ma vie disciplinée.

Oh oui, on a bien ri, des heures durant ; nos idées créatives fusaient, mais tout cela était un peu superficiel. Mes idées ne trouvaient pas d'écho auprès de ma partenaire. Il lui manquait l'engagement total.

Tous ces engagements m'ont ouvert les yeux : réussites et échecs. J'ai connu les deux.

Les engagements réussis sont basés sur l'amour et l'ouverture, sur l'appréciation l'un de l'autre tout en respectant sa liberté, son espace. C'est cela le vrai engagement. Un engagement qui permet à chacun d'être soi-même.

Notre collaboration a pris fin. Je me penche sur le démantèlement de notre petite entreprise.

La journée a été rude. Je me suis heurtée à mon associée, mais aussi à mon « compagnon à distance » qui est en train d'organiser ses vacances au Pérou.
— Oh mais nous aussi on va s'amuser, un sauna par exemple.

Aïe, ça fait mal. J'ai atteint ma limite. Bientôt je serai à nouveau seule pour les fêtes de fin d'année. Je veux pouvoir faire des projets, partir ensemble, entreprendre ensemble, voyager ensemble. Ne pas être réduite à un sauna.

Le monde est ma maison
Préparations - La magie du moment - mai 2014

Je marche dans les rues de mon ancien quartier. Je me dirige vers les mêmes boutiques qu'avant, par le même itinéraire que j'empruntais avec ma chienne. J'aime marcher. Seulement ce que je vois, entends, sens, et ressens ne m'inspire pas. C'est toujours un peu pareil ...

Tout à coup mon énergie vitale revient. Je me souviens ce que je peux faire ... jeter un autre regard sur les mêmes choses ...

Combien de fois, avec la chienne, a-t-on fait le même trajet ? Il y avait presque toujours quelque chose, qui me frappait ... ou bien je regardais les mêmes choses d'un autre œil ...

La douce lumière d'un lampadaire au cœur de la nuit. Le parfum sucré des plantes. L'énorme clair de lune argenté. Les mûres qui deviennent bleues. Une grosse limace marron qui avance tranquillement en glissant. Des yeux rieurs, des yeux étincelants, des yeux affectueux, des yeux fermés, des yeux tristes ...

Je vois une immense variété de formes et de couleurs ... à chaque fois différente.

Que voulez-vous me dire ?

Je retrouve mon inspiration dans la magie de ces moments-là.

Signaux et signes

Je reçois un mail sur mon portable. Je jette un coup d'œil rapide. Je discute avec une amie. On parle de ce que le cosmos veut me faire comprendre, mais que le message n'est pas toujours clair ou bien que c'est peut-être plutôt moi, qui ne comprends pas toujours. Je regarde à nouveau le mail. Disparu ! Nulle part. Je vois dans la corbeille que le message est vide … Est-ce un signe ? Oui, c'est on ne peut plus clair. Tout à l'heure en rentrant je regarderai le message dans ma boîte mail. Peut-être qu'il ne sera pas vide. Est-ce qu'il aura un sens … une valeur ? Oui, oui, oui, fait le cosmos. Est-ce que je peux avoir confiance ? Est-ce que ce n'est pas juste un truc qui me trotte dans la tête ? Est-ce moi, qui veux que le cosmos opère ainsi ? Ou est-ce vraiment le cosmos qui veut me dire quelque chose ? Mais il est si difficile de faire confiance à ma confiance. C'est tellement insaisissable. Mais j'aimerais tant être confiante … Eh bien, allons-y !

Ma chienne est couchée sur le dos, petites pattes en l'air, elle se laisse aller … J'ai un Bouvier Bernois, un grand chien. Pourtant je dis petites pattes. C'est plus sympa, je trouve. Les pattes, c'est grossier. J'appelle ma chienne. Elle vient en remuant joyeusement la queue. Je lui fais un câlin. Ça nous fait du bien à toutes les deux.

— Fini, lui dis-je au bout d'un moment.

Elle se love à mes pieds, la tête entre les pattes. Ses yeux se ferment doucement. Quelle compagne … quelle camarade ! Toujours contente de me voir, même si je monte dix minutes à l'étage, elle m'attend en bas de l'escalier en remuant la queue avec enthousiasme. Je la promène par tous les temps. Et ce n'est pas toujours agréable. Je le fais quand-même avec plaisir. Ma chienne renifle chaque feuille, chaque arbre, chaque fleur.

— Qu'est-ce que tu peux bien sentir ? J'aimerais partager avec toi. Je suis curieuse de savoir quelles odeurs tu sens.

Ma chienne prend son temps. Ma chienne est toujours contente. Elle me donne tant d'amour. Tout simplement en existant.

Je cherche sur mon ordinateur le message en question. Qu'est-ce qu'il dit … ?

Le message concerne notre profonde amitié, les lettres qu'on s'écrit. Tout cela est passionnant. Il s'agit de séduction et de limites à ne pas transgresser. Qu'est-ce que je ressens au juste ? D'accord, c'est une amitié peu commune, pleine de charme. Mais, moi, je veux un compagnon que je peux appeler, quand je veux. Je veux faire des projets avec lui, l'accompagner au Pérou. Je veux découvrir le monde. Je peux le faire toute seule. Bien-sûr, je le fais déjà. Mais c'est aussi très agréable de le faire à deux.

Mon « compagnon à distance » et moi prenons le café. Comme la toute première fois. Nous discutons … je me sens davantage coach qu'amie très chère en ce moment. Je n'aime pas ça. C'est hors de question. Alors, pourquoi je le ressens comme ça ? Nous nous disons au revoir. Je le suis du regard, quand il marche en direction de la gare … il ne se retourne pas … chaque pas le fait sortir un peu plus de ma vie. Je le sais. Je le sens. Et c'est bien comme ça.

Le monde est ma maison
Préparations - Questions pratiques - mai 2014

La maison est quasiment vide. J'emporterai le reliquat à ma nouvelle adresse … quelque part dans le Midi. Bien au chaud, sur la côte, près de la mer. Mais je n'en suis pas encore là.

C'est agréable de n'emporter que quelques affaires. Plus je vieillis, moins j'ai d'effets personnels. Je me suis débarrassée de mes affaires de façon consciente : E-Bay, Emmaüs et Hôtel des Ventes. J'adore E-Bay. Au début il me fallait de l'énergie pour prendre et importer les photos, écrire les textes et trouver un bon prix, mais j'ai adhéré très vite. Quelle manière sympathique de « déplacer » ses affaires … et puis, tout le monde est content !

*Je n'ai pas eu besoin de jeter grand-chose … si, mes albums photo … ils ont atterri dans la poubelle. Bon débarras ! Avant l'ère digitale je m'appliquais à coller mes photos dans des albums et j'écrivais la légende. Le temps que ça m'a pris ! Je me suis demandée combien de fois je les ai feuilletés **JAMAIS !!** A la poubelle donc ! Mais … avec mon portable, j'ai d'abord photographié les images qui me sont chères. Ça, oui. Maintenant tout est bien au chaud dans mon ordi.*

Le rangement de la remise était un de ces trucs ! J'aime que tout soit bien rangé. Cela m'évite de chercher ou de me dire « Qu'est-ce que j'en ai fait ? » On ne se prend pas la tête. A l'époque, pour mettre de l'ordre, j'avais acheté des caisses et des boîtes. Je n'ai pas mal d'outils, toutes sortes de pinces pour une utilisation très variée … au moins une vingtaine de toutes tailles. Sans parler des différents tournevis, tenailles, scies, limes, rabots, par contre un marteau … En vidant la remise je me suis dit que pendant toutes ces années j'ai dû utiliser tout au plus deux pinces et trois tournevis. Que de temps et d'argent perdu pour ranger et garder des objets qu'on n'utilise jamais. C'est terminé ! J'emporte le stricte nécessaire et je vends ou je donne le reste. Quel soulagement !

Et puis mes livres ! J'ai lu énormément. J'aimais regarder tous mes bouquins rangés par sujet sur les étagères. J'en ai relu quelques-uns, mais la plupart prenaient juste de la place. Et en plus il fallait les dépoussiérer de temps en temps. Il y a des années j'ai porté huit cents livres à Emmaüs. Maintenant je lis un bouquin et puis je le donne à quelqu'un qui a aussi envie de le lire. Très bon système. Quelqu'un me l'a conseillé un jour et je l'ai tout de suite adopté. J'emporte trente-trois livres, dont un livre de cuisine et deux dictionnaires. Et là je me dis que je pourrais également me débarrasser des dicos. On les trouve sur le web. Par contre, il est très plaisant de feuilleter un dictionnaire. Je tombe tout de suite sur d'autres mots.

Quelle sensation de légèreté, une maison vide ! J'ai fait de la place pour de nouveaux projets, de nouvelles idées, de nouveaux points de vue. Voilà ce que je ressens. Je suis prête à aborder la période à venir.

Je suis fatiguée, très fatiguée, exténuée. Commencer quelque chose de nouveau dans ces conditions ? Oui, il le faut … D'autres pensées me viennent … des souvenirs d'une époque lointaine.

Colombes blanches
Années de galère

Je n'aurais plus rien. Plus de maison. Plus d'argent. Plus de boulot. Plus d'enfants. RIEN ! Le message était clair. Je finirais dans le caniveau.

Je savais que le chemin était difficile. J'étais consciente que ça allait être dur et pour longtemps.

Et pourtant j'ai pris ma décision.

Nous étions heureux, mais ce bonheur n'a pas duré. Il suffisait de quelques mots pour mettre fin à des années de complicité. Entreprendre ensemble, construire une existence ensemble, avoir des enfants et les éduquer ensemble, appréhender l'avenir ensemble, se battre ensemble. Et puis il y a eu les discours qui ont rayé le mot « ensemble » et « ensemble » est devenu « seul » Seule, mais avec mes enfants. Des mots simples qui font tout voler en éclats.

Après vingt-deux ans la vie à deux s'est arrêtée net. Nous n'avançons plus ensemble, nos chemins se séparent.

Je voulais être une héroïne
Me voilà l'héroïne de ma propre histoire
Je voulais me battre pour une cause
M'investir à fond pour mes enfants
Je voulais me donner cœur et âme à quelqu'un
Connaître la sensation de monter au créneau
Je sais ce que la liberté dans l'engagement veut dire
Maintenant que j'ai connu l'abîme
Tout, vraiment tout, s'offre à moi
Je peux enfin m'épanouir.

C'est la nuit. Il est deux heures. Je suis dehors … triste … J'ai mis fin à notre mariage. Après des années d'hésitations, j'ai pris ma décision. Comme c'est difficile. Mais à l'intérieur de moi, je sais que cette décision est juste … pour moi, pour mes enfants, et aussi pour mon conjoint.

Ce dernier m'a dit clairement que j'allais tout perdre … mes enfants, ma maison, ma petite vie confortable … TOUT … Je n'ai pas de travail, pas d'argent. Comment m'en sortir ?

« Tu finiras dans le caniveau ! » a-t-il ajouté.

Mais je sais très bien, que ça n'arrivera jamais. Je le connais. Il va faire tout son possible pour m'empêcher de refaire ma vie. C'est compter sans la force qui est en moi, sans mon mental. Veut-t-il me faire peur, la peur de ne pas y arriver sans lui ? Peut-être veut-il dominer sa propre incertitude en criant et en passant son angoisse sur moi.

Surprise, je regarde mon conjoint : « Comment est-ce possible d'avoir tant de haine et de faire tous ces reproches qui t'empêchent, qui nous empêchent, de vivre une nouvelle vie ».

Il ne fait pas froid, en ce début janvier. Je fume une cigarette. Lentement la fumée s'échappe en volutes dans la nuit d'encre. Je suis en osmose avec la nuit noire comme du jais. Tout va bien. Tout à coup cinq colombes blanches apparaissent dans le ciel. Bizarre, ces colombes au cœur de la nuit. C'est comme si elles veulent me dire :

« C'est bien. Tu as pris la bonne décision ».

Mon cœur est plus léger. Les colombes disparaissent dans l'obscurité. Mon cœur est lourd à nouveau. Je rentre et pour une des dernières fois je m'allonge à côté de mon conjoint. Le lit est glacial. Les larmes me brûlent les yeux. Non, il ne faut pas pleurer, pas maintenant ! Je trouve enfin un sommeil agité. Le lendemain j'avais prévu une sortie avec une amie et tous les enfants. Il pleut, il fait très froid ce jour-là.

Je rêve. Je rêve que notre divorce est prononcé à l'église. Cinq colombes blanches me saluent alors que je sors du bâtiment. Quand je me réveille je sais que notre séparation est juste. Que notre divorce doit se faire. Pendant des années j'ai tergiversé avant de me décider. Je reste loyale, je persévère, je fais de mon mieux, un divorce n'est pas bon pour les enfants.

Ce sont des années éprouvantes. Des années de survie et d'acharnement … mais j'ai toujours gardé confiance en moi, en mon esprit. Mon conjoint veut tout me prendre. Il s'obstine à vouloir m'écraser, me réduire en miettes. Il ne réussira pas. Bien au contraire. Mon esprit est fort, indestructible et inébranlable.

C'est un long chemin, mais je surveille mon territoire et celui de mes enfants.

Tous les matins devant la glace je vois quelqu'un qui vit de façon honnête et sincère. C'est l'essentiel pour moi.

Le monde est ma maison
Préparations - Notre potentiel - mai 2014

Je façonne ma vie pas à pas ... Je vais bien. J'apprécie mon entourage, les avancées, les découvertes et les rencontres avec les autres.

Je suis consciente que je donne un sens à ma vie, que je sculpte ma vie. J'en suis l'artiste, la créatrice. Mon existence est modelée par la force créative qui est en moi.

D'expérience je sais comment ça fonctionne : mon énergie créative reflète toujours mes pensées et mes sentiments. C'est la manifestation de ce que je pense et de ce que je ressens. Même quand mes pensées sont moins agréables ou quand la force me fait défaut. Ma créativité en est toujours l'écho.

Pour moi cela signifie que nous avons un potentiel énorme. Du moment que nous en sommes **CONSCIENTS**, *nous pouvons, avec les intentions justes et l'énergie adaptée, créer les conditions appropriées. Des conditions favorables pour nous et pour les gens qui nous entourent.*

Chat et Souris

Le téléphone sonne : « Allo ! ».

Ça vient d'un fournisseur de téléphone et la personne veut à tout prix savoir comment je m'appelle et si je suis abonnée chez Orange. Je trouve toutes ces questions bien indiscrètes. Je ne connais pas la dame au bout du fil. D'entrée elle pose ses questions. Je lui demande pourquoi elle veut savoir ça.

— Parce que j'ai une offre intéressante pour vous.

Je veux d'abord savoir en quoi consiste cette offre intéressante avant de lui fournir des renseignements d'ordre privé - euh, privé. Elle refuse de me répondre. On commence à jouer au chat et à la souris. Elle ne répond pas à ma question et moi, je ne réponds pas à la sienne. Je mets fin à la conversation et je raccroche. Je lui souhaite une agréable fin de journée.

— Maman, dit mon fils, pourquoi tu te fâches au téléphone ?

— Je ne me fâche pas du tout. Je pose tout simplement une question et la dame refuse de répondre.

— Bah, fait-il, elle fait « tout simplement » son travail. Elle fait ce qu'on lui demande de faire. Tu pourrais quand-même répondre à sa question.

Une discussion s'engage entre mon fils et moi. Je trouve que j'ai le droit de répondre aux questions qu'on me pose, comme j'en ai envie. Je ne connais pas cette dame. Elle ne répond pas non plus à ma question.

Un peu plus tard ça sonne à nouveau. Pas de numéro caché cette fois-ci et la dame se présente. Elle veut savoir si j'ai un site web.

— Oui dis-je, j'aimerais savoir pourquoi vous me le demandez.

Pas de réponse, mais elle répète la question :

— Avez-vous un site web ?

— Oui, dis-je à nouveau, et je suis curieuse de savoir pourquoi vous me le demandez.

Quatre fois la même chose. Puis un grand soupir de son côté. Elle raccroche.

Bizarre, ces appels. Je me demande quel en est la symbolique … aucune, je suppose. Des coups de fil idiots, c'est tout.

D'autres signes et signaux deviennent de plus en plus pressants au cours de cette période de ma vie.

Le monde est ma maison
Préparations - Lâcher prise – mai 2014

J'ai souvent lâché prise dans ma vie. Autrefois on disait :
— Laisse tomber … si tu veux que les choses changent.
Je comprenais bien ce que cela voulait dire, mais comment faire …

En regardant en arrière, je vois que ça va tout seul. Je crois même qu'il faut lâcher l'idée de lâcher. C'est comme ça que ça marche. Pendant toutes ces années je ne me suis plus préoccupée de savoir comment il fallait prendre du recul. Je l'ai fait tout simplement.

Parlons de voitures par exemple. J'aurais aimé avoir un grand hangar rempli de toutes sortes de voitures : une Alfa rouge, une voiture ancienne, une Audi TT noire, une A4 Avant gris-lave … Je n'ai pas réalisé ce rêve, parce que cela ne me ressemble plus du tout. J'ai bien eu une Audi gris-lave, mais j'ai dû m'en débarrasser. Je l'ai vendue. Il m'a fallu quelques semaines avant de me décider, mais finalement - forcée et contrainte - j'ai vendu la voiture. J'avais du mal ! Mais en rentrant à la maison à pied, j'ai commencé à me sentir de plus en plus légère. « J'allais découvrir les transports en commun. Une nouvelle aventure pour moi. Je ferais peut-être de belles rencontres, va savoir ! »

Après c'était de plus en plus facile de me séparer de mes affaires. Ça m'a libéré. Ma maison est quasiment vide maintenant … j'ai pris mes distances afin de pouvoir tout abandonner. J'aborde l'avenir avec sérénité.

Mais je vais devoir céder davantage.
Ma petite entreprise n'y échappera pas …

Il y un projet que j'ai arrêté moi-même. Je ressentais une certaine résistance. Si l'énergie ne circule pas suffisamment dès le début, il m'est impossible de faire mon travail correctement. Au cours d'un entretien j'ai compris très vite qu'il n'était pas question d'un accord « gagnant—gagnant » entre les deux parties, condition sine qua non pour que je m'engage. Quant à l'autre projet, c'est le donneur d'ordre qui n'a pas donné suite.

Quelle journée …

Au fond de moi, je sais très bien que je n'emporterai rien vers ma nouvelle vie. J'ai beau savoir, ce n'est pas toujours facile. Aujourd'hui mes sentiments ont été mis à rude épreuve.

Je suis consciente de me lancer dans un mode de vie libre en tous points. C'est une bonne sensation. Je le veux ainsi. Mais cela demande une telle confiance en moi …

Me voilà … sans travail, sans revenus. Ma partenaire s'occupe de ses propres affaires. Mon « compagnon à distance » ne fait plus partie de ma vie.

Les boulettes de viande du boucher

Le jour le plus froid de l'année je me présente pour un emploi de facteur. Ils me regardent bizarrement ce matin-là à la poste.

— Tu t'es dit, tiens, je vais distribuer le courrier par -18°.

Et pourquoi pas ? J'aime le grand air. J'aurai chaud en marchant. Après un entretien rapide je suis embauchée. Rien à voir avec les questions difficiles qu'on me pose habituellement. Si je maîtrise suffisamment le néerlandais pour pouvoir lire les adresses. Si j'aime être à l'extérieur. Si je suis prête à m'engager pour au moins trois mois. C'est tout. Un quart d'heure plus tard je suis fixée sur mon sort et je peux commencer dès le lendemain. On me dira à ce moment-là dans quel quartier. Pas trop loin de chez moi. Je me dis que si le cosmos a de l'humour, j'aurai le quartier que j'habite. Le mardi, je commence ma tournée … dans mon propre quartier. Je ne travaille pas le samedi, c'est trop compliqué … le samedi on distribue uniquement les colis.

Ça m'amuse. Je suis entrée dans un monde, qui m'est totalement inconnu. Un livreur dépose les sacs remplis de courrier au centre de distribution. Tout est mélangé. Avec mes collègues je trie les sacs par quartier. Puis je remplis mon chariot. L'astuce est d'emporter tous les sacs à la fois, sinon il faut revenir en arrière et personne n'en a envie. Je pousse mon chariot surchargé en direction de la rue où commence ma tournée. Plus je m'approche de ma propre rue, moins je me sens à l'aise. Tout à coup ça me gêne qu'avec ma formation supérieure je distribue le courrier. Deux solutions s'offrent à moi, soit je continue à ressasser, soit je prends en compte les avantages de la situation. J'opte pour la dernière. Je me suis décidée. Je suis bel et bien facteur. Le grand air me fait du bien. J'adore ! D'autres pensées me viennent : si je rencontre la voisine, qu'est-ce qu'elle se dira ? « Toi ? Facteur ? Tu peux faire mieux que ça. Tu as eu des super jobs. Qu'est-ce que tu vas inventer là ? »

Oui, j'ai une formation supérieure, de l'expérience, un esprit vif, de l'intelligence et alors ? Je suis facteur. Je me sens bien. J'adore être à l'extérieur. Mes collègues sont sympathiques. Je me heurte à mes propres réflexions. Je suis consciente d'être en pleine mutation. Ça fait partie du jeu. Ça ne fait rien. J'y vais. Eh oui, je fais la tournée dans mon propre quartier et je distribue le courrier à moi-même. Et bien-sûr, je tombe sur des gens que je connais. Je souris et je les salue. Ils me saluent à leur tour. Je pousse la réflexion plus loin. Je veux être libre. Mes pensées doivent être libres. Ce n'est pas important ce que les autres pensent de moi. Sauf quand il s'agit de mon niveau d'études...

Du moment où j'arrête de cogiter, les gens m'abordent. Je donne le courrier à une dame, qui me regarde en disant :
— J'étais facteur, moi aussi. J'ai beaucoup aimé. Je déménage et je vais recommencer à distribuer le courrier près de chez moi.
Cela me fait plaisir de penser, que quand on arrive à faire abstraction de ses préoccupations, une autre issue se présente. Les gens sourient, me disent bonjour. Ils ressentent mon

charisme … je me sens libre. Je fais ce que je fais, parce que c'est ainsi. Fini les idées noires !

Je discute avec les habitants du quartier, on me sert un café au snack, des boulettes de viande chez le boucher, une orange chez une voisine un peu plus loin. Il y a un homme qui m'offre à plusieurs reprises un beau magazine. C'est sympa ! Je savoure ces moments-là. J'ai complètement oublié ma formation supérieure. Je fais ma tournée avec plaisir.

Mais l'heure de l'épreuve a sonné lorsque je vois mon ancien patron. Ma réaction est immédiate : « J'espère qu'il ne m'a pas vue ». Je me cache vite dans un jardin, une pile de courrier à la main. Ouf, il ne m'a pas remarquée. Le lendemain je regrette. Je n'ai pas réussi le test. Mes pensées m'empêchent de m'épanouir. Ma première pensée était :
« De quoi ai-je l'air ? »

J'arrive à surmonter tout ça. Ce n'est pas du tout important ce qu'il pense de moi. D'ailleurs je ne sais pas ce qu'il aurait pensé de moi, s'il m'avait vue. Le plus important c'est l'image que j'ai de moi-même : quelqu'un qui distribue le courrier avec amour et dévouement et qui apprécie ce qu'elle voit autour d'elle.

Deux fois par semaine nous distribuons les journaux gratuits et la tournée prend deux fois plus de temps. J'apprends à manier les différentes boîtes aux lettres, certaines doucement, sinon je me coince le pouce, d'autres rapidement, quand il y a un clapet facile. Au bout d'un certain temps j'ai trouvé une méthode efficace pour mettre rapidement le courrier dans les boîtes. Je connais beaucoup de noms. Des noms qui vont avec des maisons. Quelquefois ces noms ont un visage et me parlent. Il y a une boîte qui est pleine, archipleine. Je me renseigne auprès d'une voisine qui est présente au moment de la distribution.

— Ah oui, celle-là … Non je ne la vois jamais. Elle est un peu bizarre.

J'avertis le gardien de l'immeuble. Il va voir ce qu'il peut faire. Deux semaines plus tard la boîte déborde. J'en informe mes supérieurs. Rien n'y fait. Est-elle allongée sur son lit après une crise cardiaque … ou peut-être parterre ? Je fantasme sur ce qui a pu lui arriver.

Un homme âgé m'aborde :

— Vous n'avez jamais de courrier pour moi ?

Le samedi suivant je passe à vélo devant sa maison et j'en profite pour mettre une belle carte postale dans la boîte. Le mardi après il m'attend. La carte lui a fait très plaisir et il m'invite au restaurant. Il vient me chercher avec sa voiture dont il est très fier. Moi aussi, j'aime les voitures, mais pas le modèle qu'il conduit. Brièvement nous partageons les histoires de nos vies. Deux personnes au vécu complètement différent. Deux personnes réunies par une carte postale. Il est attentionné. Il aimerait bien me revoir. Ça ne s'est pas fait.

J'ai du mal à trouver certaines boîtes aux lettres. Chez le notaire, par contre, la boîte est énorme. Il doit attendre beaucoup de courrier … mais pendant les quatre mois où j'étais son facteur, je n'ai jamais rempli la boîte … tout au plus cinq lettres à la fois. On dirait que certaines maisons sont inhabitées et pourtant, j'ai du courrier pour les habitants.

Je ressens une pression irrésistible de faire le pèlerinage de Saint Jacques de Compostelle maintenant. C'est un projet que je couve depuis un petit moment. A force de marcher avec le charriot lourd et les sacs bien remplis sur mon épaule j'ai de l'entraînement. Il est vraiment temps de prendre le chemin de Saint Jacques.

C'est le bon moment. Je n'ai plus de travail. La collaboration avec ma partenaire s'est arrêtée. C'est l'occasion rêvée de prendre un mois ou plus pour marcher. Mes enfants passent leur bac. Si tout va bien, ils auront terminé en juin. On est au mois d'avril … Je peux le faire. Je vais le faire. La seule chose qui me retient c'est le courrier. Je démissionne de mon travail comme facteur.

Le monde est ma maison
Préparations – 17 nuits – mai 2014

Encore dix-sept nuits … avant le passage chez le notaire pour la vente de la maison, puis je prendrai mon envol. Un nouvel épisode, où le monde sera ma maison.

Mais il y a d'abord dix-sept jours, où je passe mon temps à laver le linge, passer l'aspirateur, payer les factures. Le train-train de tous les jours.

Je viens de faire une balade sur la plage. C'était magnifique : le ciel était d'un bleu éclatant, une mouette dégustait un poisson en compagnie d'une autre mouette, qui la laissait manger tranquillement. Lorsque je me suis approchée un peu trop, les oiseaux se sont envolés pour se poser quelques mètres plus loin. L'une donnant des coups de bec dans sa proie, l'autre qui l'observait en dansant. Je me suis approchée à nouveau de trop près.

Le poisson dans le bec, la mouette s'est envolée gracieusement au-dessus des vagues … si légère, si libre, sans effort.

Ma chienne

Je trouve la plupart des livres tout bonnement ennuyeux. Oui … ennuyeux. C'est pourtant moi qui choisis mes livres. La mise en page est souvent monotone. Toutes ces lettres les unes après les autres. Des séries interminables de caractères. Avec parfois un peu de blanc par ci, par là. Et ça continue jusqu'à la dernière page. Jamais un truc amusant ou une petite folie … toujours du noir sérieux sur du blanc très sage. Toc, toc, toc … staccato. Ça n'en finit pas.

J'ai déjà beaucoup écrit. Enormément, même. Et chaque fois je me dis que je dois me remettre à écrire. Pff … j'ai déjà beaucoup.

J'ai une semaine de libre. Bof … libre ? Les enfants sont partis au ski. Et je suis à la maison avec la chienne. Je peux tout faire à mon rythme et celui de la chienne bien entendu.

Mais première chose … je me prépare à capter le cosmos, l'univers. Histoire de voir ce que j'arrive à percevoir. J'écoute ! Aujourd'hui je suis attentive à tout ce qui se passe. Tous les petits détails. Des couleurs qui me frappent ou des sons que j'entends. Je fais attention aux coïncidences. C'est dans ces dispositions que je commence ma journée. C'est magique, audacieux ; je suis libre. Quel silence assourdissant ! J'entends mon stylo glisser sur le papier. Rien d'autre. On dirait que tout est paisible. Je suis prête à être authentique, entièrement libre et en sécurité. Mon entourage m'est complètement égal. C'est l'authenticité qui compte, la véritable authenticité sincère. Pas les émissions truquées à la télé. Punaise, je vois une contractuelle faire le tour de ma voiture. Pas d'amende s'il vous plaît … Je sors en courant et je place le permis de stationnement derrière le pare-brise. Je suis paralysée à l'idée de dépenser de l'argent pour rien. Il faut que je fasse attention à mes dépenses. J'en ai les jambes qui flageolent ! Le choc … Ça m'aurait encore coûté beaucoup d'argent et j'ai d'autres choses à payer. Quelle situation. Mais je reste confiante. Les portes se sont toujours ouvertes au bon moment. Partout ! Je me sens libre et en sécurité. Toujours ! Je suis sur la bonne voie et j'apprends à mieux connaître ma force.

Ma chienne me regarde comme si elle me comprend. Je pense effectivement qu'elle me comprend. Elle sent ce que je ressens. L'oiseau du voisin me rend dingue. Il chante gaiement toute la journée sans s'arrêter. Le chant aigu et strident du canarie. Je préfère entendre la respiration haletante de ma chienne après une promenade. Au bout d'un moment ça s'arrête au moins.

Sensations

J'entends au loin
Dans les profondeurs
Mes sensations
S'approcher
En frémissant.

Mes sensations
Si intenses
Si impétueuses
Si pétillantes
VENEZ !

Donnez-moi les couleurs
Qui me ressemblent.

Le monde est ma maison
Préparations - Le Monde - mai 2014

Aujourd'hui j'ai profité d'un superbe après-midi au soleil. Avec une amie nous étions en terrasse à la plage et nous avons discuté de notre conception de la vie.

Pour moi vivre veut dire : avancer en toute confiance sur un chemin inconnu avec l'intime conviction d'être sur la bonne voie. Pour moi vivre c'est … acquérir de l'expérience … c'est-à-dire, prendre conscience, savoir.

Ainsi je me suis rendu compte que la véritable sécurité est à l'intérieur de moi. La prétendue sécurité, comme le travail, une maison, ou n'importe quelle autre possession … ne sont qu'un leurre. On peut les perdre, contrairement à la sécurité intérieure, que personne ne peut nous enlever. Voilà la véritable sécurité … pour moi, cette prise de conscience, cette connaissance font partie de la véritable liberté, à savoir la liberté intérieure.

Mon avenir n'est pas tracé. Bientôt je n'aurai même plus de domicile fixe. Début juin je franchirai le seuil d'une nouvelle aventure. Ce n'est pas la première fois que je m'engage dans une voie inconnue, mais cette fois-ci la barre est plus haute, car je quitte ma maison … en échange du monde.

Ma tirelire est pratiquement vide. Mes comptes en banque affichent zéro. Je n'ai plus un sou. C'est curieux. Je continue à vivre normalement. Je cherche autour de moi ce qui peut avoir de la valeur … ma voiture par exemple. Ma voiture, mon sentiment de liberté … la liberté de mouvement. Ma voiture que j'ai tant de plaisir à conduire tous les jours. Ma voiture … je vais devoir m'en séparer.

Une autre vision des choses

Entretemps je suis à la recherche d'un emploi. Un emploi qui me permettra de payer mes factures et de vivre, les enfants aussi bien que moi.

Des mois durant les gens de mon entourage, ceux qui ont un travail, me donnent des conseils et font des remarques qui partent d'un bon sentiment : « Il y a plein de boulot, tu peux devenir caissière ou vendre des tomates au marché ». « Si j'étais toi, j'irais travailler dans une pâtisserie pour vendre des viennoiseries et des gâteaux. Tu en serais la patronne en moins de rien, j'en suis sûr ». « Tu sais faire plein de choses … tu as énormément de talents ». « Discute avec les gens. Tu trouveras bien un boulot grâce à tes connaissances ».

Je sais que tous les métiers sont importants. La caissière est la carte de visite d'un magasin. Avec un sourire elle peut éclairer la journée du client pour ne citer qu'un bel exemple. Mais ce n'est pas ma voie.

Et puis il y a les autres sons de cloche : « Tu es trop vieille ». « Tu ne trouveras pas de boulot en consultant les offres d'emploi ». « Tu pars en vacances ? Mais, ça ne va pas ! Tu es au chômage ! ». « La recherche d'emploi est un travail à part entière, ça prend des heures et des heures tous les jours jusqu'à ce que tu trouves ! Tu ne peux vraiment pas partir avant ». « Tu vas faire une balade ? Ce n'est pas possible, tu dois trouver du travail ».

Stop ! J'ai aussi besoin de me détendre ! Surtout en ce moment.

Mais on me prodigue aussi des conseils pertinents et pratiques ; un réel soutien …

Je suis convaincue de trouver un emploi. C'est ma conviction intime.

J'ai trop d'idées spécifiques quant au contenu de mon travail. A chaque fois ça me coûte énormément d'énergie de m'adapter à un système auquel je ne crois pas. C'est tellement contraire à ma conception personnelle.

J'ai bien compris qu'avec cette idée en tête je ne trouverai pas de boulot. Je fais de mon mieux pour voir les choses d'un autre œil et finalement ça marche et juste à ce moment-là, une opportunité se présente. Quelques jours avant la date limite. J'ai le temps d'envoyer mon CV et une lettre de motivation par mail. Je sens que le job est pour moi.

Du moment que je ne vois plus mon travail comme une obligation, en me disant que c'est contraire à mes convictions, mais plutôt comme une occasion de faire connaître ma vision des choses, cette offre d'emploi arrive comme par miracle. Je suis embauchée. Je peux commencer deux mois plus tard. J'ai très envie de commencer !

Quand j'y repense, ça s'est passé exactement de la même façon pour la maison, que j'habite actuellement. J'avais besoin d'un lieu pour les enfants et moi, une maison où il fait bon vivre. Ça faisait un moment que je cherchais l'endroit idéal. Accessoirement je me demandais comment trouver un logement au milieu d'un divorce qui me coûtait une fortune. Du coup je n'avais pas beaucoup de marge de manœuvre pour acheter. Il faut ajouter que je n'avais pas très envie de déménager. Trier les affaires, les mettre dans l'ordre et ranger le tout dans des cartons. C'est tout de même frappant, que du moment où j'ai changé ma vision sur mon sort et que j'étais vraiment confiante de trouver un bon endroit pour les enfants et moi, il m'a fallu moins d'une semaine pour trouver la maison idéale. Des opportunités se sont présentées et j'ai pu acquérir la maison. Mais … ces opportunités se sont présentées uniquement, quand j'ai cessé d'être inquiète et que j'étais confiante qu'il existait quelque part un endroit pour moi. Ça s'est passé souvent comme ça dans ma vie. Les possibilités et les solutions se présentent d'elles-mêmes dans l'espace, qui se crée, lorsque j'arrive à faire table rase de ma vision limitée.

Soulagée je commence à préparer ma randonnée à travers l'Espagne.

Le monde est ma maison
Préparations - Capitulation - mai 2014

Je refais du yoga tous les matins … depuis quinze jours. Ça fait du bien. Je suis tombée sur un bouquin de Deepak Chopra sur le yoga en combinaison avec les sept lois spirituelles. Je l'ai acheté. D'un côté je me débarrasse de mes affaires et … d'un autre côté il y a des affaires qui font leur entrée dans ma vie. « Le courant de la vie » est continu pour ainsi dire … c'est bien comme ça. Il faut que le courant passe … dans tous les domaines.

Mais bon, je fais du yoga et je lis la loi spirituelle qui va avec. Aujourd'hui je me suis rappelé qu'il y a quatorze ans j'étais une fidèle lectrice de ce livre ; je le consultais tous les jours. Mais à un moment donné le ras-le-bol s'installe. J'ai jeté le livre il y a des années, lors d'une de mes opérations de rangement.

C'est un jour sous le signe de « la solution de facilité ». Super !! Génial !! Je vis pleinement.

C'est un peu difficile pour moi aujourd'hui. Ce matin j'ai reçu la facture du notaire pour la vente de la maison. Les termes utilisés sur la facture ne m'ont pas beaucoup plu, car on y manie la langue de bois. J'ai passé un coup de fil au clerc de notaire. Pour faire court, rien ne sera changé au niveau du vocabulaire, car cela prendrait trop de temps. En tant que femme pratique je lui ai fait remarquer qu'on aurait pu faire les changements pendant le quart d'heure qu'on a passé au téléphone. Tant pis pour le texte, ça va aller. J'aurais voulu que les choses soient dites clairement. Je n'aurais pas perdu deux heures et j'aurais évité de m'énerver, d'avoir un sentiment de frustration, si j'avais tout laissé en l'état. A cause du coup de téléphone j'ai dû passer voir ma banque et mon comptable. Ça reste embêtant, je trouve.

Où est la limite entre « laisser tomber » (« capituler » dans le cas présent) et « rester critique » ?

Puis je m'ennuie. Bah, oui ... En soi ce n'est pas grave, mais quand je m'ennuie, je me sens obligée d'agir, de faire des choses utiles, d'aider les gens. Mais je ne sais pas comment et je n'aime pas ça ... Je n'aime pas ne pas savoir. C'est la quadrature du cercle.

La solution de facilité m'a dans ses griffes aujourd'hui. C'est ça la vie. Expérimenter - devenir conscient - apprendre tant bien que mal.
PEU IMPORTE L'ÂGE.

Le silence

Je ne bouge pas. Mes doigts commencent à taper. Le début. Le début de quoi ? Je n'en ai aucune idée. Une histoire ? Je veux raconter mon histoire. Je veux mettre mes idées par écrit. Pour qui ? Peut-être pour moi. Bien-sûr que non. Je veux partager mes idées. Je veux raconter quelque chose de nouveau. Quelque chose que personne n'a jamais raconté. J'ai cherché … pendant des années et je n'ai pas trouvé.

Toutes ces années de recherches m'ont empêché de raconter ma propre histoire.

Je regarde un film … étonnée … je regarde un film qui me touche … un film, qui me touche beaucoup. Dans un certain sens le scénario reflète ma vie.

Le film m'émeut. Je peux m'y reconnaître, mais à un autre niveau.

Je veux sentir
Que je vis ma vie
Comme je l'entends
De « La Chanson de Gabriella - La Chorale du Bonheur »

C'était comme si on chantait « ma » chanson.

Pour moi le message du film est très clair. Actuellement je mets en route un certain nombre de projets, parmi lesquels « mon rêve ». Ce message me dit de puiser dans mes forces pour le réaliser.

Je dis toujours aux gens qui m'entourent que j'aime partager. L'autre jour j'ai rencontré quelqu'un qui voulait bien m'écouter - du moins, c'est ce que je pensais -. Je lui ai dit que j'aimerais partager ma vie avec quelqu'un. Oui, vraiment. Même après avoir vécu seule pendant toutes ces années. La solitude a bien des avantages. On n'a pas besoin de tenir compte de l'autre … C'est la facilité en quelque sorte.

Qu'est-ce que je veux partager alors ? Un peu de convivialité. Un peu d'intimité. OUI, c'est ça ! Un chez-soi. Quelqu'un pour passer des moments ensemble ou pour partager les expériences que l'on vit chacun de notre côté. Une personne qui me remonte le moral, quand c'est nécessaire, qui passe un bras autour de moi en signe d'amour. Quelqu'un, et c'est très important pour moi, qui a une passion, une vision. Je pensais l'avoir trouvé, l'homme avec lequel je voulais partager ma vie. Au fur et à mesure que les mois passaient cela ne s'est pas vérifié. Il voulait bien partager, mais à ses conditions à lui et uniquement quand ça lui convenait. Non, je ne suis pas le deuxième violon que l'on sort du placard quand on a envie de jouer une mélodie douce et ensorcelante. Pour moi, le partage c'est vivre la vie ensemble en se donnant mutuellement assez d'espace pour pouvoir se développer, chacun à son rythme.

J'ai du mal à fixer mes idées. Elles passent à toute vitesse. Il fait froid dans la maison. La chienne dort et j'entends de temps en temps des petits bruits de plaisir. Non, la chienne n'a pas froid. Moi, j'ai froid. Est-ce mon cœur est glacé après tout ce temps ? Toutes ces années d'activité, de survie, de persuasion, d'efforts pour rendre l'existence agréable, sans jamais renoncer. Sans admettre que vivre seule n'est pas toujours agréable, pas toujours facile et qu'il est vraiment mieux pour moi de vivre avec quelqu'un. J'ai besoin de créer des connexions profondes avec l'autre.

Je suis déconcentrée par une tache sur mon pantalon noir. Je l'enlève avec un peu de salive. C'est simple. La facilité avec laquelle j'efface la tache m'étonne. Est-ce que ça marcherait pour les idées noires ? Les effacer, les faire disparaître. Toutes ces réflexions ont un gros impact sur ma vie. Est-ce que je ne me suis pas autorisée à avoir un partenaire ? Est-ce que je devais absolument vivre seule pendant toutes ces années ? Est-ce qu'il fallait vraiment être forte et trouver des solutions toute seule ? Mon divorce dramatique qui semblait interminable et qui a tout de même fini par aboutir. Avec quelqu'un à mes côtés cela aurait été plus facile. Pendant tout ce temps je me suis fiée à ma force intérieure. Voilà pourquoi. C'est pour cette raison que j'étais seule pendant toutes ces longues années. Est-ce que je me suis interdite de grandir et de m'épanouir avec un partenaire à mes côtés ? Est-ce qu'il faut d'abord être totalement libre, sans bagages, pour pouvoir rencontrer l'autre, pour partager ma vie comme je l'entends ? Je ne sais pas …

Un homme vient me voir tout à l'heure. Il veut parler de son projet. Je suis curieuse de savoir. Il ne fallait pas que je fasse à manger. Il s'en occuperait. C'est bien un rendez-vous d'affaires ? Ou est-ce que je me fais encore des idées ? Quelle exploration, quelle recherche à l'intérieur de moi ! Que m'inspire mon cœur ? Quelle parole jaillit de mon cœur et remonte à ma gorge pour être dite ? Capitulation. C'est ce mot-là qui veut être prononcé ? Reddition ? Me rendre ? Aimer de tout mon cœur. Aimer profondément, complètement, de cœur et d'âme … Mon regard tombe sur un texte que j'ai écrit il y a dix-huit mois sur un petit bout de papier …

J'ouvre mon cœur à une relation aimante, tendre, accomplie et riche. Une relation chaleureuse où, ensemble, on découvre des choses nouvelles, où la vie est décontractée et joyeuse. Une relation où on est liés par le respect mutuel, l'acceptation et l'appréciation de l'autre tel qu'il est. Une relation où il y a de la place pour la passion. Je suis prête à accepter quelqu'un avec les mêmes particularités que moi. Je suis décidée à me donner entièrement à mon partenaire pour vivre ensemble un amour profond et harmonieux. Je suis prête à aimer cœur et âme.

Le monde est ma maison
Préparations - Surfer sur l'océan de la vie - mai 2014

Ce matin pendant mes exercices de yoga j'ai éprouvé une sensation de glisse, comme si je faisais du surf … sans résistance. C'était une sensation très agréable. Pendant une fraction de seconde j'ai senti que ma vie future serait ainsi. Je n'avais qu'à faire le pas et le reste suivrait … sans obstacle. C'était comme ça.

Il y a quelques mois, dans un rêve, j'avais la même sensation de glisse, de facilité. J'ai rêvé que j'avais le choix d'aller tout droit pour entrer dans une grande salle ou de faire demi-tour pour descendre une pente très raide. J'ai choisi l'option la plus difficile, car la descente me faisait peur. Je me suis retournée … j'ai fait un premier pas … puis j'ai descendu la côte … c'était très facile ! J'ai adoré glisser jusqu'en bas. C'était merveilleux !

Etait-ce une vision inconsciente de l'avenir ?

La photo

Je regarde une photo. Je vois une fillette sérieuse d'environ trois ans. Je perçois l'intensité de son regard. Je sens l'acuité avec laquelle elle étudie le monde. Le regard est soutenu et cache en même temps un grand chagrin. Le chagrin d'une petite fille qui a une perception très fine des problèmes des grandes personnes, qu'elle cherche à résoudre, mais on ne la prend pas au sérieux, alors qu'elle est persuadée de pouvoir trouver une solution.

— C'est qui ? demande une amie, lorsque je lui montre la photo.

— C'est moi.

Ce regard me plonge dans une profonde tristesse … je suis triste à cause des relations que j'aurais aimées créer, mais qui restent sans écho. Tristesse causée par les murs épais derrière lesquels les gens se cachent, ces murs qui emprisonnent leur cœur. Tristesse à cause du chagrin de mon entourage, leur désir d'amour. Tristesse à cause des malentendus. Je me sens terriblement seule … une solitude universelle.

Comment engager une relation avec des gens renfermés, prisonniers de leur propre confusion ? Je repense à mon rêve. Je vois ma mère enfermée dans une cage, derrière les barreaux.

— Au secours, aidez-moi, je veux sortir !

Je suis libre.

Je ne peux rien pour elle.

— Tu as créé ta propre prison. Tu as toujours voulu m'enfermer, mais tu n'as pas réussi. Maintenant tu es prisonnière de ton propre piège et moi, je suis libre. Je ne peux t'aider. Je me sens libre. Libre intérieurement, libre dans ma relation avec le monde qui m'entoure. J'ai dû faire un long chemin pour arriver jusqu'ici. Je veux continuer. Je n'entrerai pas dans ta prison. Je ressens ton angoisse. Je sens que tu essaies de m'attirer vers toi, pour que je te suive. Ton parcours n'est pas le mien. J'ai souvent voulu te le dire, mais tu n'as pas voulu m'écouter. Je devais me conformer à ta vision. J'ai râlé, j'ai freiné des quatre fers. Je me suis échappée de cet environnement étouffant. J'ai été confrontée à ton incompréhension, alors que je t'approchais avec amour. Je comprenais ton point de vue, je sentais ton désarroi. Pour me protéger j'ai élevé un mur autour de moi. J'étais bien obligée.

Non, je ne reviens pas.
Non, je ne viendrai pas dans ta prison.
Non, je n'ouvrirai pas ta geôle.
Non je ne peux te libérer.

Ce rêve était tellement violent !

« J'ai deviné ton chagrin, ton impuissance, tes luttes, tes angoisses, j'ai compati, j'ai partagé ta douleur. Ta souffrance m'a touchée profondément. J'ai vu ton âme mise à nu … Tu refusais de le voir sans doute … je ne sais pas. Ta voie n'est pas la mienne, même si tu l'as voulue. Je suis mon propre chemin, ma voie ».

Je décide pour moi. Je choisis mon destin … et c'est bien ainsi. J'ai fait table rase des pressions extérieures, des luttes intérieures, des idées fixes.

D'autres souvenirs me hantent.

J'étais encore petite quand ma mère a détourné son attention de moi … mon frère venait de naître. Je n'étais pas prête. J'étais trop jeune pour prendre soin de moi. Je ne savais pas comment gérer tout ça.

J'ai appris très tôt à exprimer mes sentiments, mes impressions. Au début ça amusait mon entourage, mais au fur et à mesure que le temps passait, ce n'était plus le cas.

Pour moi la vie est une grande expérimentation. Je me fais la promesse de ne jamais corrompre mon identité, je fais le serment de ne pas m'éloigner de ce que je suis. Si je ne respecte pas cette règle, rien ne va plus, ma vie va s'éteindre comme une bougie. J'expérimente depuis toujours ce qui me convient et ce qui ne me convient pas. J'ai beaucoup cherché pour découvrir ce qui me correspondait. Les sentiments que j'éprouvais lorsque j'étais enfant ont été abimés et déformés au cours de ma vie pour refaire surface timidement à chaque fois. Déception après déception, coup après coup, j'ai toujours su me relever. Mes idées, mon imagination, constituent un abri, un endroit où je me sens en sécurité. Un endroit où ma véritable identité, ma vérité sont protégées contre les « attaques » de l'extérieur.

J'ai un petit jardin. J'y passe des heures à mettre en place des petites allées, à être créative, mais pas pour enlever les mauvaises herbes. A un moment donné - quand j'en ai vraiment marre - je désherbe, j'enlève absolument tout … très consciencieusement. Une fois le jardin nettoyé, je recommence à créer des petits passages entre les plantes et les légumes. C'est joli. Je vois bien que les mauvaises herbes reviennent. Je n'ai pas envie de m'en occuper, c'est inutile, car elles reviennent tout le temps … Jusqu'au moment où j'en ai assez et en l'espace d'une petite heure mon jardin est à nouveau impeccable, sans mauvaises herbes. Je finis par laisser tomber mon jardin. Ça me barbe. Il y a tellement de choses plus agréables à faire autour de moi … construire une cabane dans les branches ou sur le toit de la remise, inventer des jeux passionnants avec les gros arbres que la tempête a renversés près de chez nous, jouer au foot avec les garçons du voisinage et être plus rapide qu'eux, faire de nouvelles découvertes, imaginer, faire la course à vélo … Je suis rapide après tout.

— Vous ne trouvez pas qu'elle sait toujours tout, demande la maîtresse à toute la classe.

Mais je connais la réponse à tes questions, me dis-je. Tu interroges tout le monde et je lève le doigt, car je connais la réponse. Je fais exactement ce que tu demandes et voilà que tu dis que je sais toujours tout. Je ne comprends pas sa remarque. Alors il faudrait poser la question à quelqu'un en particulier. Je me sens déprimée. Déprimée, car c'est toujours moi qui connais les réponses, que la plupart des autres ne savent pas. J'ai commencé à me taire pour ne pas attirer l'attention, pour ne pas être traitée de « mademoiselle-sait-tout ».

La maîtresse raconte la belle histoire de Charlemagne et Roland. Je bois ses paroles. Je vois les images. Je suis dans l'histoire. Je vis l'aventure avec eux. J'aime également les paraboles dans la bible. Je les comprends. La parabole des talents me plaît particulièrement. Voilà ce que je vais faire quand je serai grande : utiliser mes talents pour enrichir le monde avec ma récolte …

La maîtresse nous apprend la géographie des Pays-Bas, du monde. J'en raffole. Je fais des voyages imaginaires dans toutes ces villes. La maîtresse a une façon de raconter si vivante que je vois les gens marcher dans les rues de leur ville ou village, chacun vivant sa vie. C'est génial.

— Tu es aussi têtue que le peuple juif, dit le maître quand j'explique une histoire de la bible à ma façon. Je ne suis pas d'accord avec ses explications à lui. Je ne comprends pas. Il me demande mon opinion et quand je la donne, il désapprouve. Pourquoi tu me la demandes alors, me dis-je. A la fin de la récréation je cours pour rentrer. Il a plu et je glisse sur une grille. J'ai une entaille profonde au genou. Le maître dit seulement :
— Bien fait, tu ne fais jamais attention !
Il me laisse tout l'après-midi avec un genou qui saigne abondamment. Je m'inquiète pour mes bas qui sont pleins de sang. Non, je ne pleure pas, alors que je sens les larmes monter. Ni soin, ni pansement, ni compassion, rien … j'attends la cloche pour pouvoir rentrer chez moi. J'ai honte de montrer ma blessure. C'est de ma faute, après tout.

Au lycée je me sens comme un extra-terrestre. Je réponds aux questions qu'on me pose. A chaque fois on me dit que c'est faux, alors que pour moi, le professeur a dit la même chose, mais en d'autres termes. Il m'arrive de donner une réponse originale, mais ma réponse n'est pas conforme aux attentes … et donc fausse. Il y a une exception, une prof qui comprend mon esprit créatif. Je l'adore. Elle enseigne sa matière, le néerlandais, de telle sorte que ça me parle … avec imagination, avec élégance presque, comme sa façon de s'habiller. Elle a notre attention dès qu'elle entre en classe. Elle succède aux trois autres profs qu'on a eues depuis le début de l'année. Je l'ai rencontrée des années plus tard. Toujours habillée de manière joyeuse, elle me raconte son manque de confiance d'alors, au début de sa carrière, mais aussi l'amour et le dévouement avec lesquels elle enseignait et enseigne encore pour son plus grand plaisir. C'est très émouvant.

J'ai davantage de responsabilités. Je me sens de plus en plus emprisonnée dans la prétendue vie, un scénario qui ne me convient pas. Pourtant je participe à ma manière.

Il m'est de plus en plus difficile de réagir aux autres. Je vois et je ressens des choses que je ne peux leur communiquer de peur de les cffrayer. Je suis très sensible aux énergies qui émanent d'autres personnes. Très souvent je comprends leurs problèmes et je détiens la clé pour les résoudre. Je suis bien consciente qu'ils s'éloignent de moi, quand je veux les aider. Cela ne me plaît pas, car moi aussi, j'ai besoin d'être entourée, d'avoir autour de moi des personnes qui m'inspirent, qui me nourrissent, qui m'aiment. Je me perds dans mes réflexions. Que faire ? … Comment gérer ? Comment rester fidèle à moi-même tout en communiquant mes idées aux autres sans qu'ils se détournent de moi ? Je n'ai pas encore trouvé la solution …

Je n'arrête pas de cogiter. Mon esprit est mon unique refuge. C'est là que je peux être vraiment moi-même. Derrière cet écran je préserve et je protège mes trésors, ma vérité, mes perceptions, mes sentiments. Dans le cocon de mes pensées je suis en sécurité. J'étais obligée de préserver mes trésors, sinon les systèmes et les structures m'auraient engloutie contre mon gré.

Le monde est ma maison
Préparations - C'est calme ... très calme - mai 2014

Aujourd'hui j'ai trois rendez-vous dans mon agenda. Chouette !

En ce moment je n'ai plus grand-chose à faire. La maison est vide. Ce que je devais faire est fait. Depuis quelques jours je suis en « mode attente » et cela m'embête énormément. Il y a quelques jours, dans un whatsapp à une amie je disais qu'il était temps pour moi d'entreprendre, de m'engager complètement ...

J'ai donc trois rendez-vous aujourd'hui, mais finalement je n'en ai qu'un. On a décommandé les deux autres. Le rendez-vous de mardi prochain n'aura pas lieu non plus. C'est quand-même significatif ...

On dirait qu'avant le grand saut le calme doit régner autour de moi ...

L'eau

L'eau a une grande importance pour moi. Autrefois je voulais devenir second sur un grand cargo. Mes parents y étaient opposés : une femme au milieu de tous ces hommes. J'ai pensé à la marine aussi, finalement cela ne me plaisait pas. Devoir obéir aux ordres, quelle horreur ! Non, ce n'était pas ma tasse de thé.

Comme tous les samedis matins je me promène au bord de la mer. Je respire l'air marin, mais ça ne ressemble jamais à l'odeur que la mer devrait avoir selon moi. Je vois les mouettes au-dessus de l'eau. Les vagues roulent doucement sur la plage. Ce n'est pas toujours comme ça. Depuis toutes ces années j'ai vu la mer sous différents aspects et une multitude de couleurs ; de mer d'huile jusqu'au déferlement des vagues, poussées par la tempête. Il y a un jeu éternel entre l'eau, le vent et le soleil, une palette toujours changeante de couleurs, d'odeurs et d'intensité. J'en suis le témoin … chaque samedi et c'est toujours différent, jamais pareil. Et j'ai le privilège de découvrir, de voir, de sentir, de vivre toutes ces merveilles.

Dans l'eau je me sens comme un poisson, un dauphin, qui poursuit sa route en glissant et en plongeant. L'eau caresse ma peau tendrement, doucement. Je joue avec elle. Avec mes mains je lance l'eau dans l'air. On aurait dit des diamants qui scintillent au soleil, quand l'eau retombe dans la mer. J'entends le clapotis contre mon corps. Je savoure le bruit.

Sur l'eau je surfe sur les vagues en jouant avec le vent.

Je me trouve à un point précis, là où l'eau afflue de plusieurs côtés dans un bruit de tonnerre, les courants se rencontrent et explosent en créant de nouvelles formes dans un ballet éternel. Ils s'embrassent, se séparent … à nouveau … puis une nouvelle danse, un baiser fracassant ……….

Le monde est ma maison
Préparations - Je me mets en route et j'emporte … -
juin 2014

Aujourd'hui … c'est le départ … ma maison est derrière moi. Et j'emporte quoi …

Mes affaires, mais elles sont entreposées. On peut les compter sur les doigts de la main : neuf cartons et quelques objets comme un canapé, une table, une chaise, un escabeau, une table à repasser — oui, oui - et un aspirateur. J'ai réussi à me débarrasser de mes autres affaires. Je me sens bien … très légère. C'est bien de posséder tout ça, mais ce n'est pas indispensable. A l'avenir il y aura bien de nouvelles affaires dans ma vie … que j'abandonnerai par la suite.

Ce qui est beaucoup plus important c'est d'emporter ma richesse intérieure. Une richesse que personne ne peut me prendre, une richesse permanente ; la véritable richesse, de mon point de vue.

J'ai confiance en mon destin, je trouve la sécurité en moi, la liberté est en moi et j'entrevois des opportunités. J'ai la force de continuer. Tout ce dont j'ai besoin en ce moment se trouve en moi. Je ressens le bonheur, l'amour et la sincérité. Je suis étonnée par beaucoup de choses et je sens mon cœur s'ouvrir. De temps en temps je découvre l'unité.

Voilà les choses que j'emporte ; je ne suis pas toujours capable d'apprécier cette richesse. Je me fais aussi des soucis. Mais je sais pertinemment que chaque être humain possède la même richesse. Cette idée est déjà une richesse en soi.

Demain je pars pour le Curaçao.

Je retourne en enfance.

C'est là que commence mon « tour du monde », dans mon enfance.

C'est le retour vers l'époque, où j'étais libre, près de la nature, toujours pieds nus, dansant et sautant sur les rochers de la plage, très sûre de moi. Le retour à l'époque où je grimpais dans l'arbre, qui abritait mon cockpit, avec vue sur le Tafelberg. Le retour à l'époque, où j'avais une maîtresse de maternelle extraordinaire. Je l'adorais. Une très belle femme antillaise. Le retour à l'époque des grandes découvertes, de l'étonnement de ce que la vie m'apportait. Trois années formidables.

Je suis ouverte à ceux qui se trouveront sur ma route, aux découvertes que je ferai pendant les trois semaines à venir.

Je suis prête …

J'ai mon billet pour mon tour du monde.

des Hauts et des Bas

Le monde est ma maison
Curaçao – Le visage joyeux de mon fils – juin 2014

Mon vol a du retard, dès le début. Nous devons nous rendre à une autre porte d'embarquement, pour changer d'avion. Les valises et les repas suivent. L'avion a un problème technique. Mieux vaut le constater avant !

Je trouve que le vol dure longtemps. Mais quand on y réfléchit … transporter trois cents personnes dans l'air, sur huit mille kilomètres, au-dessus de l'océan et à une bonne vitesse, en direction de Curaçao … A bord je regarde un film sur un homme qui traverse l'océan à la voile et qui perd tout, mais qui est sauvé in extrémis. L'histoire me donne un sentiment indéfinissable … l'homme fait tout pour s'en sortir, mais la nature prend le dessus à chaque fois. La « lutte » de cet homme, sa persévérance et son impuissance face à la violence de la nature … et finalement sa reddition … et juste à ce moment-là, il est secouru … j'oublie tout de suite mon vieux projet de parcourir l'océan à la voile en solitaire. Ma propre vie est déjà un challenge. J'ai consciemment écarté un sentiment de nervosité. Je vais vivre une nouvelle vie à Curaçao.

En descendant de l'avion je perds mon bracelet. Je ne me suis pas énervée. Encore quelque chose que je dois abandonner. Le bracelet n'a pas beaucoup de valeur - c'est un joli bracelet - un souvenir d'une sortie avec une amie. Mais … ce souvenir est aussi dans mon cœur, là où je ne pourrai le perdre.

Le passage à l'immigration est long à Hato, ça prend bien une heure. Je passe un bon moment. Je regarde les gens autour de moi : des Antillais, des Hollandais, une maman allemande avec son fils, une femme américaine avec sa fille … des familles, des couples, des amis. Ils ont tous des vies différentes. Je ne sais rien d'eux et pourtant nous venons de passer dix heures ensemble dans un espace assez réduit : dans la convivialité. Ce sont des gens qui partent en vacances pour quelques jours, peut-être pour la première fois à Curaçao. Une femme m'interroge du regard et dit : « Please, can you bring me a form ? » J'escalade les valises pour aller chercher un formulaire d'immigration. Elle me lance un regard reconnaissant, quand je lui donne le papier. La femme porte un beau vêtement blanc. Une indienne … ?? Je l'avais déjà remarquée à Amsterdam. Elle attendait tranquillement assise sur un fauteuil. On a discuté un peu. Une brève rencontre. Un contact rapide. C'est probablement pour ça qu'elle m'a demandé d'aller chercher le formulaire.

Mon fils m'attend dehors … je vois son visage joyeux, ses yeux rieurs, quand il me voit, puis il me fait signe de la main. Dans sa voiture il y a une petite bouteille d'eau … je ne m'y attendais pas. Il donne un coup de fil pour savoir où ça en est de mon studio et de ma voiture ; ils ne sont pas prêts. Du coup il m'emmène chez lui. Dans la cour on porte un toast avec un verre de rhum.

Je passe ma première nuit dans le centre de Willemstad, avec vue sur le pont flottant et sur l'eau, une vue que j'adorais lorsque j'étais enfant.

Je vais habiter à nouveau à Curaçao pour un petit bout de temps !

Le monde est ma maison
Curaçao – L'odeur – juin 2014

J'ai retrouvé mon odeur !! … L'odeur que j'ai cherchée pendant des années. Je savais que c'était une odeur de mon enfance. Tous les samedi-matins, en me promenant au bord de la mer, j'ai respiré, mais je n'ai pas retrouvé « mon » odeur.

Et ici …

Après une nuit détendue, je me promène sur le pont flottant. Quand j'étais enfant on n'allait pas souvent à Otrobanda. Nous restions de « l'autre côté ». Je marche d'Otrobanda à Punda. J'apprécie les gens colorés autour de moi et puis tout à coup il y a l'odeur … l'odeur de la Mer des Caraïbes !! Pas l'odeur de la Mer du Nord, mais l'odeur de la Mer des Caraïbes de mon enfance. Je prends mon temps pour savourer la sensation que cet arôme typique me procure. Je viens de retrouver une impression, que je pensais ne plus jamais avoir. Je redeviens l'enfant spontané, une petite fille joyeuse, étonnée par tout ce qui se passe autour d'elle, qui danse, sautille, joue.

J'achète une mangue au marché flottant. Une vraie mangue ; je la déguste. Je prends plaisir à déjeuner en terrasse.

Ma voiture est prête à 9h30. Avec le loueur je vais à la casse. Pas pour ma voiture, bien qu'elle ait quelques problèmes. Il me donne des instructions ; il faut contrôler le niveau d'huile, d'eau et de la direction assistée tous les jours. Ensuite on se rend chez le loueur. Il me raconte ses histoires. Il me sert une bonne tasse de café. Ici aussi, on a Nespresso. Brièvement il m'explique comment rentrer chez moi. Là, où je vais habiter un petit moment. Les propriétaires me font un accueil chaleureux. Nous prenons une bière. Le courant passe entre nous. On se raconte notre vie.

Mon fils passe un peu plus tard. On discute bien ensemble. Il me montre sa présentation. Je suis fière de lui.

Mes enfants ont eu leur bac. J'ai trouvé un travail.
Je réserve un vol pour Biarritz.

Ma randonnée

Dix ans plus tôt j'étais en vacances dans le nord de l'Espagne. On voyait des gens avec des sacs à dos chargés marcher sur des sentiers poussiéreux et secs à côté des autoroutes. Je me demandais ce qu'ils faisaient là. Je n'en avais pas la moindre idée. Maintenant, dix ans après, je suis sur le point de commencer moi-même le pèlerinage de Saint Jacques de Compostelle. C'est particulier. Que m'apportera ce chemin, ce parcours ?

Un titre d'une chanson d'Abba me vient à l'esprit … « The day before you came ». Un symbole ? C'est un moment très spécial dans ma vie. C'est maintenant que je dois suivre ce chemin, cette route. Je suis pleine d'espoir. Que m'apporteront les moments à venir ? Qu'est-ce que j'en retiendrai ? Le fait de marcher tous les jours, le contact quotidien avec la vie et la nature ne me laissera pas indifférent. Oui, j'ai hâte de savoir, je suis curieuse, excitée, c'est passionnant. La femme pratique que je suis a pesée toutes les affaires que je porte sur mon dos une à une, au gramme près. Je sais que mon sac à dos pèse 7546 grammes. Sans compter l'eau et le casse-croûte pour la route.

Avec dans ma tête six cents mots d'espagnol, quelques notions de grammaire et un petit nombre de phrases, je commence ma randonnée.

La première nuit j'ai une crise de migraine. Le lendemain matin, impossible de faire un pas, je reste, apathique, dans mon lit superposé à Saint Jean Pied de Port, le point de départ de la route à travers le nord de l'Espagne jusqu'à Saint Jacques de Compostelle, à huit cents kilomètres d'ici. Je me rends et je reste toute la journée au lit. Je ne me rappelle pas d'avoir été aussi malade. Heureusement, avec l'accord de la propriétaire, je peux rester une nuit de plus dans l'auberge ; ce n'est pas autorisé partout !

Il m'est donc impossible de commencer mon pèlerinage. Apparemment je ne dois pas encore partir. Je finirai par comprendre plus tard, me dis-je. A la fin de la journée mon mal de tête se calme. Un nouveau groupe de pèlerins vient d'arriver. C'est sympathique, ils viennent des quatre coins du monde : la Corée, l'Australie, le Brésil, l'Angleterre, l'Irlande … J'aime ce mélange de nationalités. Je n'ai pas particulièrement envie de marcher avec des Néerlandais, ou plutôt pas du tout. Un des pèlerins est un cuisinier de talent. Il nous a préparé un délicieux repas.

Je pars le lendemain matin. Je « fais » les Pyrénées. Quelle promenade superbe. Mais comme c'est dur ! J'ai bien senti mes pieds à la fin de l'étape. Vingt-huit kilomètres de montées et de descentes. Une montée et une descente en guise de baptême du feu. Mais j'ai réussi. Et le sac est toujours en place. Mon dos ne m'a pas fait souffrir. J'ai commencé à marcher à six heures et demie. Avant de partir j'ai brûlé un cierge dans la petite église de Saint Jean. Ce fut un moment émouvant. Je commence le pèlerinage, avide de savoir ce que ce chemin me réserve. J'ai marché avec un couple d'Anglais. L'homme joue de la musique gitane. Je suis une auditrice conquise. Pendant la pause-café il a joué merveilleusement bien. Il y avait aussi un Allemand. Toutes les langues mélangées. En ce moment je suis dans un monastère, où - oui, c'est vrai - on peut loger deux cents personnes. On s'habitue à tout.

Je vois des papillons. Beaucoup de papillons multicolores. Je demande à mes compagnons de route, s'ils ont vu combien il y a de papillons ici. Personne ne les a remarqués. Pendant un des derniers jours de marche j'arrive dans une auberge, où on a même dessiné des papillons sur le mur.

Je marche sur un petit sentier dans un beau paysage de collines. Tout à coup une vache me jette un regard … rempli d'amour. C'est bizarre, me dis-je, une vache aux yeux pleins de tendresse. Je m'arrête. Je profite de ce moment. Je me sens en accord avec cette vache, unie dans l'amour. Un court instant je suis au paradis.

Quelques jours plus tard je marche dans les montagnes qui ont été le lieu d'habitation des Celtes. Je me suis vidé la tête depuis longtemps. Je marche et je profite de tout ce que je vois autour de moi. La nature m'offre son énergie. Elle me nourrit l'esprit. Je fais partie de cet environnement. Pendant que j'avance j'ai un flash - c'est comme je vivais dans une communauté celte. Je suis aspirée par elle. Je vois comment les gens vivent ensemble, ouverts, libres, en harmonie, respectueux les uns des autres, hommes et femmes, il n'y a pas de différence. Tout le monde est content. Chacun fait ce qu'il a à faire. Entre eux l'énergie passe d'une façon agréable, plaisante. Quand je « reviens » dans mon propre monde, je sais que c'est une conception de la vie qui me convient. Une manière de vivre qui est possible, même dans notre société.

Et tout à coup je me trouve à Saint Jacques. Les kilomètres ont glissés sous moi aujourd'hui … 24, 22, 15, 4 … Il y avait du monde sur le chemin. Aujourd'hui ça m'a fait du bien de voir beaucoup de gens, car c'est la vie ordinaire qui reprend le dessus. Une femme espagnole est venue me voir avec un carnet de pèlerin, que l'on fait tamponner à chaque étape. Elle parlait beaucoup. J'ai compris de son espagnol, que quelqu'un avait perdu son carnet. Elle me donne le nom. Elle veut savoir si je le connais. Je connais quelqu'un de ce nom. J'avais l'impression de le connaître. J'ai pris le carnet persuadée de le retrouver à Saint Jacques. C'était vrai. Il était content. Moi aussi. On a eu une discussion intéressante. Un des miracles du pèlerinage. Sous le soleil éclatant de Saint Jacques de Compostelle j'ai terminé mon pèlerinage. « I did it my way ». Huit cents kilomètres. Pas à pas. Quelle expérience formidable ! Quelles belles rencontres !

Le monde est ma maison
Curaçao – Arroser – juin 2014

« J'arrose l'arbre et l'arbre me donne ses fruits » Je viens d'entendre cette expression. Beaucoup d'insulaires ont des arbres fruitiers dans leur jardin. Des fruits que nous ne connaissons pas. Les gens disent que si nous arrosons notre arbre, l'arbre nous donnera ses fruits. C'est joli comme dicton. Une belle métaphore pour la vie et pour nous autres.

Aujourd'hui j'ai visité une plantation. Ce n'était pas prévu. Je passais par là. La plantation n'était pas ouverte au public. Une femme antillaise a bien voulu traduire ma requête en papiamento pour le patron. Il m'a demandé pourquoi je voulais visiter les lieux.
— Quand j'étais petite je suis venue ici avec ma classe.
Il me demande mon nom … puis il m'ouvre la grille. Je suis obligée de faire la visite en voiture. Il y a trop de chiens sur la propriété. Dommage que je ne roule pas en 4x4. Cela m'aurait été utile sur ces chemins.

Dans la journée j'ai aussi vu des flamands roses, des petites plages, des petits villages, des chemins gravillonnés, des centaines de cactus. J'ai retrouvé mes rochers d'antan. J'ai nagé dans la mer.

La lumière est très particulière en ce moment. Le soleil va bientôt se coucher. Une très belle lueur chaude.

Le monde est ma maison
Curaçao – Le Pirate – juin 2014

Près du Fort Nassau je rencontre le jardinier. Il me demande si je parle français. Oui ! Il est originaire d'Haïti et il vit à Curaçao depuis dix-huit ans.

— C'est mieux ici, dit-il, là où j'habite, à Santa Rosa près de Montana. Je lui dis que j'étais venue ici quand j'étais enfant.

L'endroit me rappelle les sensations d'alors … les sorties au restaurant d'où on pouvait apercevoir au loin le port, les grands bateaux et les meurtrières. Ces dernières avaient un attrait particulier, surtout quand on me disait de ne pas m'approcher, car on était au-dessus du vide. C'est vrai, la falaise est raide. J'avais un peu peur au fond, mais mon père me retenait prudemment.

Le guide de la grotte de Hato raconte que les esclaves venaient se réfugier ici, après s'être évadés des plantations, jusqu'au moment où leurs maîtres l'ont découvert et ont procédé à la fermeture de la grotte. Le guide en parle avec affection. Un jour, dans la grotte, il a l'impression que quelqu'un le dévisage. Il s'assied et regarde bien autour de lui. Il voit les formations rocheuses. Puis tout à coup il remarque un cristal au-dessus de lui, puis un bandeau, un bonnet et les restes d'un visage. Un pirate le fixe. Sa mâchoire est en cristal. Les autres parties du visage ont été modelées par la nature. C'était magnifique, dit le guide.

Magnifique. Extraordinaire

Et puis tout à coup, sortie de nulle part … tu es là, à l'entrée de mon cœur … de façon totalement inattendue. Je t'ai rencontrée. Toi, avec qui je veux partager ma vie, mon amour et mon cœur. En ce moment j'éprouve un sentiment très profond, un amour si pur, si magnifique, si immense … un amour capable de tout lier. Je ressens une union totale, profonde. Deux âmes qui se reconnaissent immédiatement. En ce moment précis je ressens ce que « s'engager profondément » veut dire. Dans un éclair j'éprouve l'amour pur. C'est ainsi que cela doit être … il faut vivre la vie de cette manière, en accord avec l'autre, unis. Je l'ai ressenti à ce moment-là et plus tard … à de nombreuses reprises. Voici la connexion que j'attends depuis toutes ces années …

C'est un moment extraordinaire.

Mon amour

Mon amour
Je t'ai rencontrée
Comme ça, sortie de nulle part, je t'ai trouvée.
Je te vois marcher, légère comme un oiseau, tu passes ton chemin
Mon cœur fait des bonds.
Un amour infiniment profond frémit, jaillit et touche mon cœur.

Mon amour,
Je t'ai aimée. J'ai embrassé ton corps
Mille fois
Et toujours pour la première fois

Tes lèvres me caressent,
Tes yeux, ta peau, ton cœur,
Tendre et doux,
Ton corps, mon corps.

Mon amour,
Nos âmes s'unissent,
Intensément, infiniment, profondément,
Je te sens près de moi, même si tu es loin.

Tu es Toi

Je t'aime
De tout mon cœur, avec toute mon âme
Ma vérité.
Mon cœur.
Mon amour.

Le monde est ma maison
Curaçao – Rêveries – juin 2014

Je me revois marcher dans le petit passage couvert en direction de ma salle de classe. Je dis bonjour aux copains et copines, j'accroche ma veste et je m'assieds derrière une des tables disposées en cercle. Pleine d'espoir de ce que la journée va m'apporter.

On a le droit d'aller boire à la fontaine à des moments précis. L'eau gicle vers le haut. Ces moments précis m'étonnent ; quand j'ai soif ce n'est pas à heure fixe. On a le droit de se servir UN verre … Ce petit jet d'eau m'intrigue fortement. Rien que pour lui, je veux aller boire. Mais c'est interdit. L'école commence à sept heures et dure jusqu'à une heure de l'après-midi. On doit se reposer pendant le dernier quart d'heure. On nous montre comment : le bras gauche plié sur la table, le bras droit étendu devant nous, la tête posée sur le bras gauche. Je trouve que ce n'est pas très confortable. J'ai du mal. Et puis … c'est une perte de temps. Je veux jouer, bouger …

J'ai un petit camarade. Son père est médecin … je suis en admiration … un médecin.

Mon oncle venait me chercher tous les matins pour m'emmener à l'école. Je sais qu'on tournait à gauche près de la maison. Puis on empruntait une longue rue droite bordée du côté droit par le bush. Après ma mémoire flanche. Je me souviens de ces endroits, des images enfouies profondément dans ma mémoire. Elles me reviennent et c'est comme ça que j'ai retrouvé mon école … une image dans ma tête. Tout comme Henderson, le supermarché.

Un lézard se cache avec sa proie dans un coin du jardin. Il ne bouge pas, quand je m'approche. D'habitude ces bestioles détalent vite. Il ne veut pas *lâcher sa proie … un cafard. Enfant, j'essayais d'attraper les lézards entre deux bouts de bois. Je n'ai jamais réussi … ils étaient plus rapides que moi ! Heureusement. Je les aurais écrasés entre mes bouts de bois. Je les courais après, pieds nus entre les picas. Les picas sont maintenant recouverts d'une terrasse.*

Ma petite voisine est mon amie. Comme je n'ai pas le droit de sortir du jardin - c'est formellement interdit - donc très attrayant - j'ai trouvé un autre moyen pour aller chez elle. J'ai vite fait de couper un trou dans le grillage …

Je vois un iguane dans toute sa splendeur. Des oiseaux aux couleurs superbes volent alentour en chantant gaiement. Autres chants, autres oiseaux.

Le monde est ma maison
Curaçao – Un avenir ouvert – juin 2014

Aujourd'hui j'ai réfléchi à mon avenir. Un avenir qui est complètement ouvert. C'est génial, dans le sens où tout est possible. Je peux l'organiser comme je veux. En même temps c'est aussi angoissant de lâcher prise complètement. Mais … j'accepte l'inconnu, la nouveauté, l'incertitude. En l'admettant je peux m'ouvrir à tout ce qui croisera mon chemin. Il y a de la place pour de nouvelles expériences. C'est dynamique, pétillant et excitant. Voilà ma définition de « vivre ». Cela implique aussi de permettre à la vie de se dérouler à travers et pour moi.

C'est bien beau.
Mais pas toujours facile.

Changement de décor l'après-midi … le boulevard : mondain, luxueux et cher. C'était très calme. Les dauphins, derrière les grilles, attrapaient avec entrain les poissons qu'on leur lançait. Ces animaux sont si beaux, si élégants, avec une tête si attachante. Il y en avait un, qui, couché sur le dos, se laissait tranquillement bercer par les vagues.

Sur le boulevard je suis tombée sur une boutique qui vend des produits de la plantation d'Aloë Vera. Je me suis entretenue avec la vendeuse, une femme antillaise. Elle m'a indiqué une petite anse à côté de ce lieu mondain et un restaurant qui sert de très bons poissons. Elle m'a parlé de sa vie, de ses amis, de ses enfants. Une véritable petite rencontre ...

Un peu plus tard je me laisse porter par le mouvement des vagues de l'anse que la femme m'a indiquée.

Le monde est ma maison
Curaçao – Le rythme des vagues – juin 2014

Je me baigne tous les jours dans la mer. C'est très agréable. Je fais des longueurs tout en profitant de la vue superbe. Puis je flotte sur le mouvement des vagues. Je sens l'eau autour de moi. Elle est douce. J'entends le bruit du large.

Je me prends vraiment pour un poisson, un dauphin dans l'eau.

Sur la plage je médite ... au rythme des vagues.

Chez nous

Nous sommes unies, toi et moi, profondément … jusqu'à
l'âme. Je suis enfin rentrée chez moi. Non, je suis rentrée chez
toi. Je me sens entièrement reconnue et respectée, comme je te
vois toi, ton essence ; entière et authentique. Mais nous ne
sommes pas allées jusqu'au bout …

C'est surprenant comme les choses se passent dans ma vie.
Les forces se sont appliquées et ont choisi ce moment précis
pour unir nos deux âmes. Quelques mois auparavant, en
distribuant le courrier, il y avait cette pression pour aller faire le
pèlerinage de Saint Jacques de Compostelle. La collaboration
avec ma partenaire était nécessaire pour me décoller d'une
structure existante, un CDI. Si j'avais eu un poste fixe, je n'aurais
pas fait le pèlerinage. Je n'aurais jamais obtenu cinq semaines de
congé. Le premier jour de la randonnée je ne pouvais partir à
cause d'une migraine qui me clouait au lit. Plusieurs événements
ont conduit à ce moment précis. Je le ressens comme ça. C'est
particulier, c'est magnifique. Je fais ce que mon cœur m'inspire.

Je crois que le cosmos utilise toutes sortes de moyens pour
que certains événements ou rencontres puissent avoir lieu au
bon moment. Je suis admirative. Dans ces moments-là, je
ressens la grandeur, la profondeur de la vie. Par la suite c'est à
moi de suivre ce sentiment profond … ou pas … je suis libre. Je
peux décliner … et continuer à vivre ma petite vie tranquille.

J'ai toujours eu la conviction que dans ma vie, les événements
ne sont pas le fruit du hasard. Après coup je comprends où

toutes ces étapes m'ont menée. Rétrospectivement, même les choix qui ne me convenaient pas, ont joué un rôle dans ma vie.

Mon vœu a été exaucé d'une manière que je n'aurais jamais imaginée.

Le monde est ma maison
Curaçao – En dehors des sentiers battus – juin 2014

Dans un guide de l'île il y a un parcours-photo à Otrobanda. Pourquoi toujours tout faire soi-même, si quelqu'un d'autre a déjà planifié la promenade … Je fais le parcours. Sur une petite place animée une Antillaise s'approche de moi, quand je consulte le guide.

— Je peux t'aider ? Tu veux aller où ?

Je lui montre où je veux aller.

— Aki.

Je la suis. Elle se dirige vers une maison, où elle demande en papiamento à une amie le chemin pour le Gasthuisweg. Puis d'un grand geste, elle m'indique :

— Là-bas ! …

Elle montre toutes les rues qui débouchent sur la place.

— Ajo, ajo.

— Non, dit-elle, on dit : Te akirata … A tout à l'heure.

Un peu plus tard je la vois qui marche vers les magasins.

Je continue ma route. Un Antillais dit :

— Le Gasthuisstraat est là-bas, en me montrant la rue d'un geste précis.

Je sors des sentiers battus. Selon moi le parcours ne passe pas par les plus beaux endroits. Je suis mon propre parcours, mon intuition. Au bout de quelques minutes j'emprunte une ruelle qui débouche sur un autre quartier. Ici pas de touristes. Un homme est assis tranquillement sur une chaise, une femme rentre des courses. Certaines maisons sont condamnées, d'autres sentent l'encens …

Puis je me trouve dans le quartier colonial. D'impressionnantes maisons colorées bordent la route. . Qui a habité, vécu, ri, pleuré ici … ? Depuis des siècles déjà …

Une femme de ménage fait les carreaux.
Qu'est-ce qui a changé depuis tout ce temps … ?

L'après-midi et le soir je pars à la découverte de l'île en compagnie de mon fils. Il conduit et moi, je profite du paysage. Nous allons visiter un manoir. En route d'autres idées me viennent.
— Si on allait voir là ou là …
Il rit et sort de la route.

— Regarde … un iguane, il est grand ! Splendide …
L'iguane fait oui de la tête, quand je veux le prendre en photo.
— Oui, tu es beau …

On met le cap sur la plaine de Hato. Le nec plus ultra de la conduite hors- piste ! Une femme nous ouvre la barrière d'un terrain privé. Il faut d'abord payer bien-sûr. Des panneaux nous mettent en garde … entrée à vos risques et périls. Attention aux pickpockets. Nous sommes seuls sur la plaine. Au milieu se trouve une vieille demeure délabrée. Mon fils fait des essais avec sa voiture sur une partie bien plane : des virages et des dérapages. Je m'amuse et lui aussi.

Le soir nous dînons ensemble. Une autre découverte … l'aventure de partager, d'échanger des idées, de trouver des solutions …

Le monde est ma maison
Curaçao – La liberté intérieure – juin 2014

Des déceptions j'en ai connues pas mal. Non, ce n'est pas une réflexion triste ! Je voulais agir, découvrir, partir, m'engager, apporter des solutions pratiques, aider, montrer une autre façon de vivre - ludique, sans préjugés, heureuse - partager mes expériences, dévoiler complètement mon Ame, c'est à dire mon véritable « moi ». Je me suis heurtée souvent à l'incompréhension et à mes propres chimères. C'est pour cela que je n'osais dévoiler ma vérité à moi.

Il y a beaucoup de choses que je n'ai pas faites dans ma vie. Pourquoi ? Parce que … je n'osais pas, je ressentais de la résistance, ça ne paraissait pas le bon moment, j'avais placé la barre trop haute, je ne voulais plus être déçue … du coup je ne répondais plus à mes propres attentes, cela causait de nouvelles déceptions. Ce ne sont que des chimères qui renforcent ce sentiment. Nous sommes les prisonniers de nos propres pensées ! Si nous pouvons et osons faire abstraction de ces idées, la liberté intérieure, qui procure quiétude et force, pourra s'installer. En plus, et c'est mon expérience, cette liberté permet à l'amour de se répandre librement et abondamment.

C'est fou, car je prends les grandes décisions, les pas de géant, avec une confiance totale en ma force intérieure et le sentiment sincère et pur que ma décision est juste à ce moment particulier. Je sais tout simplement que c'est le bon choix. Mon âme, mon vrai moi peut alors se réjouir.

Aujourd'hui c'est mon anniversaire. Une nouvelle année s'annonce. Une nouvelle année pleine d'opportunités, de nouvelles expériences, de découvertes. C'est un sentiment intense et en même temps une énorme responsabilité … pour mettre en forme et exécuter tout ce que j'ai envie de mettre en place.

Je vais faire du kayak.

C'est génial. Je commence par remonter le courant contre le vent. Puis je fais demi-tour pour pagayer à toute vitesse sur la crête des vagues. Je m'amuse comme une folle. Encore une fois et encore …

De retour chez le loueur, l'homme me dit :
— Je viens de jeter un coup d'œil pour voir si tout allait bien …
Moi, je vais bien. C'était super !

Ce soir je vais au restaurant avec mon fils, on va manger du poisson au bord de la mer.

Des toiles d'araignée collantes

Mon frère est devant la porte, je ne l'attendais pas du tout. Je l'invite à manger un morceau. Il a plein de choses à raconter. Ce qu'il a vécu, ce qu'il a vu. J'adore ses histoires. Il les raconte d'une manière très animée. Mais il y a forcément un moment où le sujet habituel est mis sur la table.

Je l'écoute. De temps en temps mes pensées s'égarent. Il y a trop de paroles. Ma tête va éclater … paroles, paroles, paroles … Il force la voix … Je ne supporte plus ce discours.

Je l'entends dire qu'il est dépravé, car, aux yeux de Dieu, il ne se comporte pas comme il faut. Je suis toujours stupéfaite, quand j'entends ça. Enfant, je ne comprenais déjà rien. Comment peut-on être à la fois une créature à l'image de Dieu et un être corrompu ? C'est contradictoire. Ça n'a pas été voulu comme ça ! J'éprouve la même sensation d'étouffement que je ressentais si souvent quand j'étais enfant ; tout cela est illogique.

Pourquoi une telle violence ? Pourquoi ces cris ? Une fois encore j'essaie d'atteindre son cœur. Je ne réussis pas. Il ne veut rien savoir. Il est convaincu que sa vision est la bonne. Convaincu de ses idées, de sa foi … Je cherche les mots pour nous rapprocher l'un de l'autre. Des points communs. Ils existent, je le sais … mais ça ne marche pas non plus.

Il ne comprend rien à ma façon de vivre. A ses yeux je suis une hérétique, quelqu'un qui doit être sauvé. Je sens son immense chagrin à mon égard. Il est persuadé que je finirai en enfer, où le grincement de dents est éternel. Je me dis qu'il s'est donné comme mission de me convertir. Me convertir à sa foi, à son mode de vie. Je comprends son point de vue. Je mesure la peine que je lui inflige. Nous n'avons tout simplement pas la même conception de la vie, comment la vie doit être vécue. Je lui dis ce que j'en pense.

— Ne sois pas triste à cause de moi. Je ne finirai pas en enfer. Comment peux-tu soutenir qu'une nouvelle vie est déjà corrompue à la naissance ? Nous avons le droit d'« être » pleinement ; avec nos défauts et nos talents. La vie doit nous permettre de nous épanouir, de découvrir notre véritable nature, d'utiliser nos talents pour rendre le monde meilleur.

Je sais qu'il trouve que je blasphème. Il me trouve mes propos injurieux. De son point de vue il a raison. Mais ce n'est pas ma conviction. Je sais qu'une vie véritable a son importance. Une vie gérée par l'esprit, l'amour que je ressens pour moi-même et pour tous ceux qui m'entourent. Une vie où la richesse intérieure compte. Libre des contraintes extérieures, libre de toutes sortes d'idées-fixes. Voilà la voie !! Cela implique de travailler dur tout au long de son existence pour atteindre la liberté intérieure, la vie authentique … vivre sa nature, sa véritable personnalité, son vrai soi.

C'est comme si j'avais ma mère en face de moi. Je me sens toute petite à nouveau.

— Tu n'as qu'à le faire pour moi. Ton grand-père était un grand pasteur. Tu veux le récuser ? C'est ça que tu veux ? Ton propre grand-père ? Tu es la chair de sa chair.

Je ne comprends rien. Je ne le dénie pas. Ça n'a rien à voir, je trouve. Mais selon ma mère je me trompe. Cela me fait hésiter. « Est-ce que je me trompe vraiment ? » C'est la même chose à l'école. Et à mon travail. Ma propre opinion de ce qui est juste ou injuste, de ce qui est pour moi un mode de vie approprié ou pas. Je ne suis plus sûre de moi. Je me retire ; je crée mon propre espace, où je me sens en sécurité. Je préfère rester à l'écart plutôt que d'aller à l'encontre de ma nature, de mon moi absolu.

Est-ce que je suis trop sûre de mes idées, de ma vision des choses ? Est-ce que j'essaie de convaincre mon frère ? Je sais que je peux être insupportable, quand je pense avoir raison. J'argumente alors mes idées avec fougue. Je lui demande ce qu'est pour lui le bonheur. Il répond avec précision. Tu veux dire la béatitude ? Non, ce n'est pas ce que je veux dire. Il expose ses idées. Sans se soucier ce que j'en pense, car il connaît ma conception du bonheur. J'ai le sentiment qu'il ne le sait pas du tout. Pour la XIème fois j'entends que je n'ai qu'à dire oui à Jésus, oui à la croix pour être sauvée. C'est à contre-courant de tout ce que je suis, ça va à l'encontre de mon essence. Jamais au grand jamais, je ne vendrai mon âme, mon moi. Nous n'avons plus rien à nous dire, me dit-il une fois de plus. Je n'y peux rien non plus. Je l'accompagne à la porte …

Il part à vélo. Il se retourne encore une fois.
Je ferme la porte lentement. Est-ce la dernière fois que je l'ai vu ? Je sens son combat intérieur. Ça ne l'aidera pas si je le réconforte et ça ne m'aidera pas du tout. Il devra le découvrir lui-même, il doit faire sa propre expérience …

Je réfléchis à la foi. Ce que j'ai vécu enfant m'a rendu rebelle à l'époque. Comment ? L'église et des étrangers me disent ce que je dois faire ou non ? !! C'est le début de ma longue quête vers la liberté, l'autonomie dans l'engagement.

Pourquoi sommes-nous incapables de nous engager pour se retrouver et se respecter ? Pourquoi voulons-nous absolument convaincre les autres de nos idées ? Pourquoi nous ne nous écoutons pas, pourquoi nous ne respectons pas nos convictions mutuelles ? Pourquoi ne pas chercher de nouvelles voies pour nous retrouver, sachant que nous sommes tous des êtres humains à la recherche d'un peu de bonheur ?

La seule chose que je pourrais faire c'est de vivre pleinement en étant moi. Tout le reste ne marche pas pour moi.

La façon dont les gens de mon entourage pratiquaient leur foi, me rendait l'existence difficile, si difficile que j'étais obligée de cacher ma vérité en me repliant de plus en plus sur moi-même, car ma vérité, ma vision du monde et de la vie ne trouvaient pas d'écho, il y avait même une totale incompréhension. Mes idées devaient être éradiquées. Pourtant j'ai eu une belle jeunesse.

Le monde est ma maison
Curaçao – Une des nôtres – juin 2014

J'aime les noms qu'on donne aux villages, quartiers et territoires. Aujourd'hui je me suis baignée à Playa Marie Pompoen. C'est rigolo comme nom.

C'est une plage où vient la population locale.

A la plage, pieds dans l'eau, je passe un bon moment en regardant un cours de natation : les enfants passent un test. Le cours a lieu en eau ouverte. Les enfants doivent nager complètement habillés. Tout ça avec un fort courant et pas mal de vent. La ligne des douze mètres pour l'épreuve sous l'eau est matérialisée par une grosse pierre emballée dans un sac. Super. Le maître-nageur se sert de moyens naturels …

Une maman avec deux enfants s'installe à côté de moi, une amie la rejoint un peu plus tard. L'amie me pose des questions. Elle traduit mes réponses en papiamento pour la maman. On fait un brin de causette … On parle de mon endroit préféré à Curaçao. Je n'aime pas les hôtels. Je n'aime pas le boulevard, puis je montre du doigt un resort de luxe un peu plus loin. J'aime être ici sur cette plage au milieu des gens d'ici. Elles trouvent ça bizarre et s'étonnent de mes préférences. Je raconte que j'ai habité ici dans ma jeunesse. Ah, mais tu es une des nôtres alors. On comprend mieux …

Je veux voir l'artisanat local. Selon le guide il y a deux endroits intéressants. Je pars … petite promenade agréable, mais … j'aurais pu deviner … ces guides sont souvent des moyens de promotion. Deux fois je me suis fiée au guide touristique, mais il ne correspond apparemment pas à mes centres d'intérêt.

Le monde est ma maison
Curaçao – Un flacon d'eau de mer – juin 2014

Aujourd'hui je voulais faire une excursion à Santa Martha. Je n'ai pas atteint mon but … il y a tellement de petits chemins, de criques et de villages sympathiques et attrayants sur le parcours.

Je ne m'attendais pas à faire deux belles promenades sur les rochers, au bord de la mer toujours bouillonnante et à travers le bush.

Dans une crique minuscule je joue avec les vagues. Un homme me dit qu'il conseille à chaque Hollandais qu'il rencontre d'emporter un flacon d'eau de mer. Quelle idée … changer notre Mer du Nord en eaux des Caraïbes !

Je passe dans un joli village, qui me fait penser au Midi de la France. J'ai faim. Je vois sortir des gens du « snek » local avec des assiettes fumantes. Je commande également une assiette. On me répond qu'il n'y en a pas.

Je finis par me retrouver chez les membres de l'église évangélique. Ils ont un séminaire. Je me demande si je peux visiter la propriété, à moins qu'elle ne soit privée.
— Aki, je vais demander pour toi.
Le moins qu'on puisse dire c'est que ma requête ne plaît pas beaucoup au propriétaire. Ce que je veux voir.
— Je ne demande pas à entrer, dis-je en riant … je veux juste regarder un peu.
— La vue … dit-il et acquiesce vaguement.
J'aurais bien vouloir visiter l'intérieur, mais le regard de l'homme était on ne peut plus clair. Je profite de la vue et d'un petit singe qui est en train de grignoter. Il me regarde gentiment, le singe.

Oui, j'ai eu une belle jeunesse.

Un monde plein de possibilités

Mon enfance ressemble à un conte de fées, plein de magie. Les gouttes de pluie sont mes diamants. Les arbres sont mes avions et le pilote, c'est moi. La balançoire est mon trapèze comme au cirque. Le vélo est mon cheval avec de vraies rênes ou ma voiture de rallye pour faire les figures les plus compliquées.

Ma raquette de tennis me permet de participer à la finale de Wimbledon. Je me suis entrainée pendant des années : il suffit d'avoir un mur, une raquette d'homme datant des années cinquante et une balle. Je gagne la coupe. La balle est la prolongation de moi-même. Je suis la balle, quand je la lance.

Je suis un oiseau, quand je m'envole vers le trapèze sur des distances considérables pour attraper la barre. Je ne la manque jamais. Les rochers forment un socle solide, quand je saute, habile et adroite, d'une pierre à l'autre, au-dessus des ruisseaux, vers l'autre côté de l'eau. Je n'ai pas peur de tomber ; je fais confiance à mon corps et à mon équilibre.

Je trouve des solutions quand il y a des obstacles : j'ai vite fait de couper un trou dans le grillage pour aller voir ma petite voisine, quand je n'ai pas le droit de sortir.

Les buissons sont ma cachette, quand les « méchants » me poursuivent. Avec le sable je crée un paysage de montagnes parsemé de villages reliés entre eux par une route. Je construis des châteaux et des maisons. En un tour de main j'arrive à faire un bateau à moteur pour quatre personnes dans le sable.

Je me glisse derrière les maisons des voisins, quand il fait nuit et j'imagine que je dois trouver un trésor caché quelque part. Je suis celle qui découvre le Pôle Nord quand je saute sur la glace flottante. Je suis un indien bien entrainé qui tire dans la cible avec un arc de ma propre fabrication. Je m'amuse pendant des heures à jouer. Toujours dehors, à la découverte de nouveautés, essayant d'intégrer la nature dans mes jeux.

Les nuages et les branches sont mon cinéma, quand ils deviennent des êtres vivants, qui me racontent leurs histoires, souvent drôles, parfois angoissantes. Les étoiles me relatent l'immensité de notre existence, et le temps infini. Sur la route de l'école je suis irrésistiblement attirée par les odeurs, les couleurs, et les formes des plantes et des arbres, qui m'apprennent eux aussi leurs histoires. De petits animaux rapides me défient pour que je les attrape, sans que j'y arrive. Dans l'eau je deviens un poisson, un dauphin, régnant en maître sur l'eau en jouant avec le vent, les vagues et le courant.

Je suis la reine de mon royaume. Un monde où tout est possible. Un monde où je fais tout, où je suis tout ce que je veux.

Mon monde magique disparaît peu à peu, quand je grandis et que les responsabilités sont plus importantes, mais aussi à cause du chagrin, des sentiments non-dits que je ressens dans mon entourage. A cause des déceptions dans mes relations manquées avec les autres, parce que je sens de la résistance. Mais elle ne me quitte pas … cette imagination vivante, qui continue à être liée à la magie de la vie, cachée dans le cocon qui m'entoure, que j'ai tissé autour de moi.

Le monde est ma maison
Curaçao – Rencontres inattendues – juin 2014

Une journée sans entrain. Je pars pour Punda à la recherche d'une montre. C'est le début du weekend des régates, c'est vrai. Je l'avais complètement oublié. Ce qui me frappe, c'est l'espace-enfants spécialement aménagé pour l'occasion par les organisateurs. Ce sont, à mes yeux, des jeux d'un autre temps. Les jeux qu'on jouait quand j'étais enfant. C'est sympa que ça existe toujours …

Cinq voiliers entrent rapidement dans le port de la Baie de Sainte Anne. Le pont flottant reste ouvert. Je prends le ferry pour aller de l'autre côté. J'ai faim, mais les cafés pour touristes ne m'attirent pas. Je continue mon chemin jusqu'à l'église du Fort. Une porte est ouverte …

— Vous participez à l'atelier ?

Non je veux visiter l'église, mais elle n'est ouverte que pendant les services. Bah oui. Un peu plus tard une femme arrive.

— Venez avec moi, je vous ouvre.

D'un ton enthousiaste elle me parle de son église. Une conversation s'engage. Je lui parle de mon livre, de la liberté intérieure.

— Justement, dans notre atelier on parle de la liberté intérieure et des talents qu'il faut mettre en commun. Vous devriez rencontrer l'animatrice de l'atelier.

Elle a le même prénom que moi. Quelle coïncidence !

— Ah oui et ce n'est pas fini … venez avec moi pour que je vous montre le secret de l'église.

Elle ouvre la porte vers la citerne du bâtiment.

— On vient de la découvrir.

Elle tourne le bouton de la lumière.

— Ça marche ! , s'écrie-t-elle. C'est voulu, spécialement pour toi !

Elle retourne à son atelier. Je peux rester aussi longtemps que je veux. Tranquillement je m'installe devant la citerne secrète. J'ouvre mon cœur et je sollicite mes guides et je prononce mon vœu le plus cher.

Plus tard je rencontre mon homonyme. Nous sommes en accord. Nous nous occupons des mêmes choses, chacune à sa façon.
— Je suis sûre que ton livre paraîtra dans l'île …

Cette femme enthousiaste est l'épouse du pasteur. Son mari se joint à notre conversation.

Peu de temps après je passe devant le marché flottant. J'entends crier mon nom. Je regarde autour de moi Et je vois le pasteur au volant de sa voiture, qui me salue gaiement.

En fin d'après-midi je me baigne dans la mer. Je perçois l'énergie vitale.

Plus tard, avec mon fils, je retourne à la baie. Nous dînons au bord de l'eau parmi les gens d'ici. Je me sens riche et heureuse.

Le monde est ma maison
Curaçao – Submergé, mais jamais noyé – juin 2014

Je me trouve devant des portes fermées …
Le manoir que je voulais visiter n'est pas ouvert aujourd'hui. Je continue à rouler. Je veux toujours découvrir l'artisanat authentique de Curaçao. Au début de mon séjour je suis passée devant un panneau indiquant « Handcraft Caribbean Art Shop ». Je crois me souvenir que la boutique se trouve sur la route de Santa Barbara. Non, ce n'est pas ça. Une autre image me vient à l'esprit. C'était sur la route de Jan Thiel. « Laisse tomber », me dis-je. Je vais faire autre chose et je pars en direction de la

maison. Après deux minutes je change d'avis. Allez, ce n'est pas si loin. Je fais demi-tour. Les panneaux indiquant la boutique me conduisent dans un petit quartier chic en haut d'une colline avec une vue superbe sur la Baie de Caracas et le Spaanse Water. C'est cadeau ... je n'aurais pas voulu manquer cette vue.

Les marchandises dans la boutique sont surprenantes ... des souvenirs pour touristes une fois de plus. Fait main ... non ! je n'en crois rien. C'est certainement « Carribean ». C'est de l'art - d'accord - si on veut ... ces objets sont les produits d'une énergie créative après tout.

Je demande la permission d'aller sur le balcon pour profiter de la vue. La vendeuse me rejoint. On discute. Elle demande si j'ai envie d'habiter là et ce que je fais.
— On a tous besoin d'un coach. Engagez la conversation avec les gens et vos idées prennent forme ...
Je lui fais part de la gentillesse, les yeux rieurs et la convivialité, que j'ai rencontrés dans l'île.
— Oui, nous aimons la convivialité Nous mettons de côté nos problèmes pendant un instant et nous nous amusons ... Reviens me voir quand tu auras trouvé du travail, me dit-elle avec un scintillement dans les yeux.

L'après-midi je fais du kayak avec mon fils. On passe un bon moment. Nous mettons le cap sur Barbara Beach, la plage de mon enfance. Je reconnais l'arbre sous lequel on s'installait. Je ne suis pas sûre ; peu importe ... l'arbre là-bas avec sa forme caractéristique c'est bien notre arbre. Je plonge dans l'eau comme il y a cinquante ans. Je joue avec le sable comme autrefois, c'est très émouvant. Quand j'étais une petite fille de trois ans je faisais les mêmes choses ... des heures durant ... je regardais les poissons, je me baignais, j'étais totalement absorbée par mon jeu avec l'eau et le sable. Je nous revois. Ma grand-mère aussi. Elle était chez nous pendant six semaines pour les vacances. Entre ces deux moments il y a toute une vie. Maintenant je suis là avec mon fils. Les rôles sont inversés. Je ressens une grande gratitude et un lien très fort ... les vagues et les tempêtes de l'océan de ma vie ont submergé l'enfant étonné et enthousiaste en moi ... sans jamais me noyer.

Mon monde à moi

Je suis une grande sportive. J'aime défier mon corps. Je vais au cours de judo toutes les semaines. Cinq enfants sont couchés par terre en position de fœtus, le visage tourné vers le tatami. Je prends mon élan et je fais une roulade par-dessus les cinq dos. Je n'ai pas besoin de réfléchir ou de m'angoisser, je sais que je peux le faire. Je prends plaisir à utiliser les capacités de mon corps. Je fais des combats contre des garçons plus grands et plus âgés que moi. J'arrive à gagner la plupart du temps. C'est une question de me fondre dans mon « adversaire ». C'est ma tactique, je bouge avec lui et du coup je vois des ouvertures et je l'agrippe pour le jeter sur le tatami. Je suis extrêmement rapide et habile. J'obtiens la ceinture marron en moins de rien. Malheureusement je suis loin d'avoir quinze ans, l'âge où on a le droit de porter la ceinture noire. Les cours de judo s'arrêtent. Le prof part à la retraite. Il conseille à mes parents de chercher un autre cours, où la compétition ne prime pas. L'esprit de compétition n'est pas ce qu'il me faut, ce n'est pas bon pour mon développement. Je réalise maintenant qu'il l'avait entièrement raison. L'esprit de compétition me rend fanatique. Le fanatisme me sied bien, mais ce n'est pas une bonne sensation. Cela m'éloigne de ma vraie nature. Le « comportement de petit coq » - savoir mieux, vouloir faire mieux, être meilleure qu'un autre – peut apparaître dans différents domaines de ma vie. J'en ferai l'expérience plus tard … et c'est absolument contre-indiqué.

Je dois devenir une fille comme il faut. Je dois me mettre au pas. Ça fait de moi une rebelle. Ma rébellion transparaît dans mes paroles, mes idées, mes refus. Mais … je suis déjà prisonnière du filet dont on m'a entourée ; je me sens prisonnière de moi-même. Ce qui me reste ce sont mes idées, mon imagination, ma force intérieure et mon énergie positive. Je sais - au plus profond de moi - que je sortirai de ce tunnel, qu'au bout il y a à nouveau la lumière. Je n'ai qu'à traverser. Je continue pas à pas. J'ai confiance, je crois et je sais qu'un jour je verrai le bout du tunnel. Il faut tenir bon … continuer …

Je rêve souvent d'un tunnel. Je marche ou je fais du vélo dans un tunnel sombre. Juste avant la sortie se produit quelque chose d'angoissant ; un raz de marée rugit dans le tunnel, qui s'effondre dans un bruit assourdissant … et je suis incapable de faire un pas de plus. Mes jambes sont plombées. C'est tellement angoissant que je me réveille.

Je lutte … Comment faire comprendre des choses aux personnes de mon entourage, quand je n'y arrive pas ? Comment pourrais-je m'unir à eux s'ils me rejettent à chaque fois ? Quand ils me disent non à chaque fois. Je m'efface. Je continue à travailler en silence. Il doit y avoir un moyen … je l'ai trouvé.

Curaçao – Un régal pour les yeux – juin 2014

En route pour Santa Martha. J'adore les petites routes, la nature, les oiseaux et les iguanes paresseux allongés sur la chaussée, qui s'enfuient vite quand ils m'entendent arriver. C'est un très beau parcours. Le panorama à Santa Martha, les criques, les rochers, la mer, les gens. Tout est un régal pour les yeux.

Les flamands roses perchés sur leurs pattes fines, se déplacent avec élégance dans l'eau. Ils s'appellent entre eux et s'envolent brusquement. C'est magnifique.

Dans une baie les autochtones font la fête. On a monté un barnum et le barbecue a été allumé. Un orchestre joue des airs qui swinguent.

Et moi je me baigne.

Solitude universelle

Je me sens bien seule. Incomprise même. J'éprouve une solitude universelle … C'est comme si je vivais sur une autre longueur d'ondes. Mais je défends mon âme, ma vérité comme une tigresse. Je veille à ne pas perdre ma vérité. Mon temps viendra.

Pour me sentir en accord avec les autres j'ai pris le chemin à l'envers. J'essaie de me « maintenir » à chaque fois. Je ne peux m'engager, me lier vraiment. Je ne crois pas aux systèmes, aux structures auxquels je devrais me plier, selon les autres. Comment je pourrai me maintenir dans cette société ? Je donne un peu de ci, un peu de ça. Je glisse pour ainsi dire à travers la vie. J'offre des parties de moi-même et je distribue ma propre vérité … ce n'est pas la solution pour moi. Et je m'en souviendrai. Je le paie très cher. Souvent le sol s'est dérobé complètement sous mes pieds. J'apprends que pour moi la seule solution est de m'exprimer et de vivre ma vérité complètement. Il y a du travail avant d'y arriver …

Je dois apprendre à me sentir totalement sûre en n'importe quelle situation. Chaque fois mon âme criait pour être entendue, pour être exprimée. Et quand je refusais de l'écouter le cosmos me rendait l'existence difficile. Les signaux sont de plus en plus clairs, de plus en plus importants.

On m'assurait qu'il ne fallait pas interrompre les adultes, et les reprendre encore moins, quand je n'étais pas d'accord avec eux. Leur réaction me surprenait totalement. Comment, toi, un enfant, tu oses douter de ce que j'avance ? Comment toi, un enfant, tu oses douter des paroles de Dieu. Comment toi, un enfant, tu oses douter de la sagesse de ton grand-père ? Je ne doutais pas du tout de leur être. J'entrevoyais seulement un autre mode de vie. Ma candeur a été mise à mal. Tu fais honte à ton grand-père ! Tu nous fais honte, tu fais honte à Dieu. Je ne le ressentais pas du tout comme ça. Je ne leur faisais pas honte du tout. Je voyais les choses autrement. Ça n'était pas grave ! J'étais stupéfaite. Ça me touchait. Je commençais à douter de moi, de mes sentiments, de mes certitudes intérieures. Cela m'a forcé à me poser la question « à quoi ça sert ? » A quoi sert tout ceci ?

Ma mère est fâchée, furieuse. Je le sens. Je ne veux pas qu'elle soit fâchée contre moi. Je suis trop jeune pour me débrouiller toute seule. Il faut que je trouve quelque chose pour qu'elle soit moins en colère. J'apprends à l'éviter. Je me replie sur moi-même. Je pense que si je me dévoile moins, elle ne sera plus fâchée avec moi. Elle n'aura plus de raison de se mettre en colère. Et, plus important ... je protège en même temps ma propre vérité, ma conception de la vie. Ce sera ma solution de survie. Je m'efface ... sans savoir que c'était, à ce moment-là, la meilleure solution, mon salut pour ainsi dire. J'attends ... des années et des années. Elle n'aura jamais d'emprise sur moi. Je continue à la considérer comme un être humain. Un être humain que j'aime.

Je dois encore apprendre à exprimer entièrement ma vérité, mon essence. Mais à ce moment-là je suis encore trop jeune et trop vulnérable.

Je m'occupe du présent. Je débarrasse la table, fais la vaisselle ... ce qui reste après la conversation entre mon frère et moi. La religion détruit énormément de choses. Ce n'était pas le but. Nous agissons à notre idée, selon nos opinions et nos besoins. Il ne s'agit même pas de religion, mais de nos convictions qui peuvent s'interposer entre les hommes et même entre les peuples.

Le monde est ma maison
Curaçao – Un sentiment intense – juin 2014

J'y vais, j'y vais pas ? Est-ce que je passe encore une fois devant la maison de ma jeunesse ? Non, ça va comme ça !

Sur la route de Punda un sentiment très fort m'a incité à passer encore une fois devant la maison. Je m'arrête en haut de la colline. Allez, je vais faire quelques photos. Je remonte dans la voiture …
— Hallo !, quelqu'un m'appelle dans le jardin.
— Vous m'avez vu prendre des photos de votre maison. J'ai habité ici quand j'étais enfant.
Une conversation s'engage …
Elle m'invite à venir voir la maison demain. Comme je suis contente d'avoir suivi mon intuition.

Tout ce que je fais à partir de maintenant c'est pour la dernière fois. Une dernière promenade à travers Punda, j'emprunte une dernière fois le pont flottant. J'achète un délicieux bastidos, une sorte de milkshake, mais avec des fruits frais. Les rues commerçantes sont animées.

Un bateau de croisière gigantesque vient d'arriver. A l'époque nous sommes partis pour les Pays-Bas en paquebot. Dix-sept jours de mer. Nous nous avons aussi accosté dans différents ports. Mais ce n'était pas pour la même raison : c'était pour charger et décharger des marchandises. Maintenant les gens du monde entier font des croisières dans des bateaux qui ressemblent à un petit village, rue commerçante incluse. Ils font des visites à des moments précis, puis regagnent le bateau pour le dîner. Une croisière ? Non, merci, très peu pour moi.

Après les courses je rentre rapidement, j'enfile mon bikini ... c'est parti pour la mer !

Rencontres et connexions

J'ai un autre regard sur le travail et je le fais savoir. Je constate que ma méthode marche et ça marche même très bien. Je rencontre des gens et je leur fais connaître les projets de l'hôpital. Mes patrons ne partagent pas mes idées. Je me penche sur des prévisions, que je dois rendre pour une date déterminée. Pour moi ça ne fonctionne pas comme ça. C'est l'échange entre les hommes qui fait naître de nouvelles idées, de nouvelles voies, d'autres manières de récolter de l'argent. Je ne peux pas savoir d'avance ce que ça donnera. Je sais seulement que je suis sûre que ça marche. J'en ai fait l'expérience si souvent. C'est organique, il faut laisser pousser. Mes patrons veulent que tout soit bien cadré, que j'enregistre mes prévisions financières et les moyens de trouver l'argent. Ça ne marche pas comme ça. Pas pour moi. Si tout est défini d'avance il n'y a plus de place pour l'imprévu. On s'accroche à un résultat établi d'avance. En nous bornant à un cadre trop stricte nous manquons peut-être d'autres options, qui se trouvent là devant nous et qui ne demandent qu'à être prises en compte. Nous ne les voyons pas, parce que nous nous attendons à un résultat déterminé d'avance. C'est un point de vue rigide à mon avis. Je continue à m'attacher à ma vision des choses. Je ne peux pas faire autrement que de suivre et de délivrer ma propre vérité, ma propre vision. On a besoin de confiance pour ça et j'en ai moi. Je sais que ça marche. Ceux qui n'ont pas cette confiance ne pensent qu'à l'argent. Il faut de l'argent ! Pour moi les rencontres et les connexions entre les gens génèrent l'argent. Ce n'est pas du tout un problème. Quand on travaille ensemble, quand on crée un « boys book » avec des histoires vraies et sincères, les gens sont contents de participer à ces projets-là. Des projets qui leur parlent, dans lesquels ils croient, parce que ils se rendent compte que ça fait du bien. Ils voient le sourire sur le visage d'un malade. Le malade relié à un appareil de dialyse trois fois par semaine et qui est ravi d'avoir la télé, que l'hôpital a pu acheter grâce aux dons. Les DVD que des centaines de personnes ont offerts. Ils ont fouillé dans leur propre collection et ont donné ce qu'ils voulaient. Les milliers de cadeaux que les commerçants de la ville ont offerts aux jeunes patients de l'hôpital. C'est comme ça que ça marche et pas autrement. C'est gagnant-gagnant.

Oh, je sais bien comment fonctionnent les systèmes existants, les structures. La concurrence est grande, les enjeux sont importants, le marketing attire beaucoup l'attention, car c'est une méthode de se profiler, d'attirer l'attention pour gagner de l'argent, faire des bénéfices. Avec l'idée que c'est la bonne voie pour continuer à exister …

Je ne crois pas que c'est la bonne solution. Pour être honnête, je n'y crois pas du tout. Je crois à la collaboration, aux engagements, à la transversalité. Je crois aux rencontres, à la véritable sincérité et à l'usage que nous faisons de nos talents. Je crois qu'il faut découvrir ensemble de nouvelles options créatives Je crois à l'entraide, à l'idée de gagnant-gagnant, au lieu du « moi et toi ». Qu'est-ce que j'en pense ? Et toi, qu'est-ce que tu en penses ? J'ai besoin de quoi ? Tu as besoin de quoi ? Quelle nouvelle voie pouvons-nous créer, découvrir ? A ce moment-là, l'argent vient tout seul. Je crois que ma vision enrichit celui qui participe.

Ma vision a besoin de temps pour se fixer, prendre racine et devenir un grand arbre fort. Je vois autour de moi que l'arbre commence à pousser ...

Je sais que ma vision provoque de la résistance. Mais ce n'est pas grave.

J'ai mis ma maison en vente.

Le monde est ma maison
Curaçao – Des moments extraordinaires – juin 2014

Je pars avec mon fils pour la journée. On part tôt, à sept heures et demie. En route pour la Christoffelberg. Il pleut. L'ascension de la montagne est à nos risques et périls …

— Les dernières vingt-cinq mètres sont assez difficiles, dit le gardien, la météo n'est pas alarmante, mais on ne sait jamais avec le temps, ajoute-t-il avec optimisme.

Qu'il pleuve ou pas, peu importe, nous sommes trempés. Il fait chaud, lourd. A mi-chemin je laisse une bouteille d'eau. J'ai assez pour nous deux jusqu'en haut. C'est moins lourd. Une montée spectaculaire nous attend. Au bout d'une heure nous atteignons le sommet … c'est une récompense fantastique. On commence la descente plein d'entrain. A un endroit je prends peur … un souvenir d'un autre moment remonte … un rebord étroit au-dessus du vide. Je me trouve à nouveau sur un rebord étroit et c'est bien plus haut.

Mon corps prend plaisir à grimper, à escalader … ça fait du bien.

Nous remontons dans la voiture. Des chemins raides et tortueux nous mènent vers d'autres endroits à travers le parc magnifique.

On se baigne dans une baie. L'eau est rafraîchissante et coule avec volupté le long de mon corps. Je vois des poissons volants et encore et encore.

Je rends visite aux habitants de « ma » maison. La dame a préparé son vieil album photo.

— Tu vois la balançoire là-bas, mon père voulait l'enlever …

*Je lui montre une photo de moi. Je suis sur la même balançoire ...
L'arbre, où je grimpais et où je jouais au pilote a été renversé pendant une
tornade. Sinon ça n'a pas beaucoup changé. Même le lavabo dans la salle de
bains existe toujours. Si je connais des noms de voisins. Non. Je connais le
nom de la petite voisine qui jouait avec moi. La voisine d'en face m'appelait
Mi Dushi.*

— Oui je la connais, s'écrie-t-elle.

*Elle me donne le nom de la voisine. On échange des souvenirs. On parle
des macambas.*

*— Tu sais, dis-je, nous sommes tous des êtres humains. Tous à la
recherche d'un peu de bonheur. On est tous pareils.*

— Tu vois, dit-elle à sa fille, je lui dis la même chose.

Quel moment extraordinaire !

*Avec mon fils on termine la journée en mangeant une glace chez
Zuikertuintje. J'ai passé une très bonne journée. Avec lui aussi j'ai partagé
des moments extraordinaires.*

Chagrin

La file d'attente avance … toi aussi … direction ailleurs. Je me retourne encore une fois pour te saluer. Les larmes montent de mon cœur, oui, de mes doigts de pieds. Mon chagrin est immense. Je croyais tellement qu'on était sur la même longueur d'ondes. Je croyais tellement que nous pouvions apercevoir l'ouverture de nos âmes. Je ressentais une unité si profonde. Ce n'est pas qu'un sentiment, je sais que c'est la vérité. C'est tellement rare de rencontrer quelqu'un si proche du chemin de ma vie, qui a la même conception de la vie que moi … Cette fois aussi, je surmonterai. Pour l'instant j'accepte mon chagrin, je laisse faire.

J'aurais voulu partager l'amour profond, le véritable amour, l'intimité de la vie quotidienne avec toi, j'aurais voulu découvrir de nouvelles formes, de nouvelles voies plus longtemps. La vie commune, l'expérience d'une nouvelle existence se sont arrêtées. L'amour où nous nous voyons tel que nous sommes. Un amour où il y a de la place pour notre propre cheminement. Cet amour immense et pur restera. Pour moi tu seras toujours ma compagne de chemin.

J'ai vu notre potentiel, notre force commune. Une force qui prend sa source dans notre union. J'aurais voulu explorer cette force pour trouver ensemble de nouveaux chemins, de nouvelles voies.

J'éprouve, je sais au plus profond de moi, que nous sommes entièrement liées. J'ai senti ta tendresse, ta douceur, j'ai partagé ton amour absolu. J'ai vu et partagé ta vulnérabilité, ta sensibilité.

On a savouré ensemble les petites choses de la vie, la nature. Ton dynamisme, ta richesse intérieure. Le respect mutuel. Ton honnêteté, ta chaleur. Notre sincérité. Nous nous reconnaissons. Dans cette reconnaissance ma vérité a trouvé son écho. C'est le sens le plus profond de notre rencontre.

Nous n'avons partagé l'amour intime qu'un court instant. Mais …

A ce moment-là, nous n'avons pas encore su vaincre les barrières humaines et le brouillage entre nous deux. Moi avec mes incertitudes concernant ma vérité, qui m'ont fait douter et qui m'ont fait perdre l'équilibre dans une relation qui m'a touchée au plus profond de moi.

Et toi ? Tu as ta propre barrière …

Je te laisse « être » en toute liberté.

Tu poursuis ton chemin et moi le mien …
Même si tu papillonnes à chaque fois, nos âmes se retrouveront encore et encore …

Le monde est ma maison
Curaçao – Une autre destination – juin 2014

Je me réjouis des oiseaux et leurs chants, des couleurs splendides de la lumière du matin … la sensation que la lumière me procure est indéfinissable, indescriptible …

Lentement la vie se remet en marche. Ici et là un chien aboie, j'entends une voiture … des voix dans une maison …

Je fais ma valise … je pars pour une autre destination, de nouvelles expériences. J'ai le sentiment d'avoir passé un bon moment dans l'île.

Mon fils me salue. Ajo. A bientôt ! Ce moment me touche profondément, mon cœur déborde … le fait qu'il soit là … un geste de la main et il part … il poursuit son chemin … honnête et intègre, énergique et confiant.

Je monte dans l'avion avec un sentiment intense de bonheur, de gratitude, de richesse et d'amour.

Adieu

Je dois aussi dire adieu à mon travail, à mon job. Lâcher à nouveau et continuer. C'est un entretien rapide, l'entretien au cours duquel mon patron me dit que mon contrat ne sera pas prolongé. Je savais d'avance que je n'occuperais ce poste pas pour longtemps. La fin - que je me serais imaginée autrement - arrive plus tôt que je n'aurais voulu. Je suis incapable de faire des concessions à ma conception de la vie. A un moment donné j'aurais pu choisir entre leurs exigences (une espèce de sécurité financière) ou ma propre vision. J'ai opté pour la dernière et je savais que ça allait me coûter mon job. J'ai fait le choix de rester fidèle à moi-même. Ça rend fort. Ça donne de la puissance.

Mon idée, tel un arbre en devenir, a été abattu, déraciné d'un coup. L'argent doit rentrer plus rapidement ... A ce moment-là, je n'étais pas capable de défendre ma vision avec davantage de conviction. Je ne sais pas encore défendre l'arbre qui pousse, contre le scepticisme.

J'ai le sentiment très fort que les graines que j'ai semées il y a des années, veulent se développer pour devenir de grands arbres puissants. Pendant ce temps-là elles ont pris racine et m'ont attendu patiemment, mais maintenant elles veulent sortir de terre. C'est à moi de m'engager dans ce travail ... la construction d'un réseau en mettant en relation des gens à ma façon ... un Wise Way Web, un réseau du « Chemin de Sagesse ». Je sais que ça va marcher grâce à la force de l'univers, qui est en moi. Je n'ai plus besoin d'attendre ... pourtant ça va prendre du temps avant de pouvoir commencer vraiment ; j'étais trop rapide - je voulais TOUT tout de suite - et j'ai vu trop grand ...

Après l'entretien je vais dehors. J'ai rencontré beaucoup de réticences dans ma vie … même à l'intérieur de moi. Je suis fatiguée. Et pourtant je m'interroge : « Réticence, que veux-tu me montrer ? Que veux-tu me dire ? Quelle angoisse caches-tu ? »

Chaque fois j'avance un peu. Je casse quasiment tous les jours une partie du mur, qui me protège. En démolissant ce mur, mon espace s'agrandit de plus en plus, mon panorama s'élargit, devient plus lumineux, plus clair. Tous les jours je m'approche un peu plus de mon âme, pour que je puisse enfin démolir le mur entier, afin de rentrer dans le monde à visage découvert, sans barrières, telle je suis, entière et vraie. Mes hésitations sur la façon de présenter ma vérité ne me font plus perdre l'équilibre.

Tout est plus facile, quand il n'y a pas de résistance … je me rends …

Tout à coup je vois apparaître un nouveau monde. Un monde, où tout est possible.

des Papillons

Une nouvelle année

Je me réveille. C'est le premier jour d'une nouvelle année. Je sens une énergie différente autour de moi. Une énergie très légère, très fine. Je suis sereine. Un peu plus tard je promène ma chienne dans mon quartier. Il est encore tôt. La plupart des gens dorment encore. L'énergie, que je ressentais au réveil, continue à se manifester dehors. C'est comme si le monde avait une autre dimension, une autre énergie. Une énergie qui me ressemble. Une énergie, qui me convient. J'arrive à peine à l'exprimer, tant c'est subtil. Pour moi c'est comme un monde où tout est possible, un monde où il n'y a que la véritable richesse qui compte … la richesse intérieure. Contrairement à l'énergie lourde d'un monde où les guerres, la violence et le « vouloir avoir raison » sont à l'ordre du jour. Ça promet ! J'espère pouvoir garder cette énergie …

Le monde est ma maison
A l'Ouest des Pays-Bas – Etre moi-même – juin 2014

On nous sert un repas dans l'avion. Je mange et je réalise que, ce que je mange a été préparé avec amour. Amour. La nature donne avec amour - abondamment, sans peine, de façon désintéressée - puis nous avons découvert ce qui est bon à manger et ce qui est du poison. Nous avons inventé des méthodes de préparation, de conservation et de présentation. On a développé des machines ... fabriquées avec des produits qu'on trouve dans la nature. Notre esprit est créatif en inventant des moyens ... et la nature nous offre tout ce dont nous avons besoin.

Nous mélangeons, modelons ... perpétuellement. On découvre de nouvelles possibilités, de nouvelles formes ... à la base, tout est déjà là. Si l'amour est la base, la motivation de tout ce que nous faisons, alors nous nous enrichissons nous-mêmes et les autres en même temps. L'amour ... le ciment entre toutes les choses et tous les hommes. C'est aussi simple que ça !

On dirait que je suis traversée par une énergie, qui veut utiliser mes talents pour s'exprimer. Je ressens une joie unique, un amour pur. Je sais que je suis sur la bonne voie.

J'entre dans ma rue ... un sentiment connu, et étrange en même temps, m'envahit ... une vieille angoisse veut s'imposer. Une angoisse qui me dit que je ne peux pas être moi-même à l'endroit où je vais. « Peur, vas t'en ! Tu ne m'apportes rien. Au contraire. Tu es basée sur rien. Tu veux cacher mon véritable moi ... mais ce temps-là est révolu ». Je sais qu'il n'y a pas d'autre solution que d'être moi-même, pure, sincère, éclatante et pleine d'amour. Donc ... « Peur qu'est-ce qui t'effraie ? Est-ce que tu crains d'échouer, quand je montre mon véritable moi ? C'est le monde à l'envers !! »

C'est simple. Mais rester moi-même … est loin d'être facile.

Je sonne et j'entre dans la maison. Mon adresse provisoire pour la période à venir.

Le monde est ma maison
A l'Ouest des Pays-Bas – Motivation – juin 2014

Ce soir c'est le dernier cours. J'ai adoré cette année … la maîtrise d'une langue qui s'ouvre de plus en plus à moi. Je progresse à chaque fois dans la compréhension de cette belle langue.

Avant mon déménagement je m'y plonge quotidiennement. Je sens une énorme motivation. Je suis une éponge insatiable. Je veux apprendre encore plus de vocabulaire, savoir davantage sur les habitudes de ceux qui parlent cette langue, je veux acquérir encore plus de grammaire. Je veux comprendre les gens, leurs idées, leur mode de vie, leur culture. Bien-sûr ce sont des généralités. Je veux m'immerger complètement, mais ça viendra …

J'aime étudier les différents modes, les différents styles de vie. C'est passionnant et instructif. Quelle est la vision du monde de l'autre ? Qu'est-ce qu'il pense ? Qu'est-ce qui est important pour lui ? Quelles sont ses motivations ?

Un rêve

Je rêve.

Nous, toi et moi sommes dans un endroit animé, vivant, plein de couleurs. Je réalise tout à coup que je suis en bikini. J'ai honte et je cherche des vêtements que je ne trouve pas. Ma mère arrive et demande l'attention. Je ne t'envoie pas de sms pour te dire que je vais organiser certaines choses pour ma mère. Et après je n'ai plus l'occasion de t'appeler. Tu es partie de ton côté. Tu m'envoies un sms.

Je suis confiante qu'on se reverra …

En haut de la montagne, au-dessus du village animé où se trouve ma mère, il fait sombre, frais et tout semble vide.

Plus tard nous faisons l'ascension de la montagne ensemble. C'est un grand escalier. Il y a du monde, c'est agréable et plein de couleurs. Ma mère s'approche de nous. Tu me demandes :
— Tu choisis qui ?
Je réponds :
— Toi !
— Tu me choisis vraiment ?
— Tout à fait, dis-je.
Tu me lâches et tu fais un pas de danse en direction de ma mère, tu danses avec elle et puis tu reviens vers moi.
— C'est quelqu'un de dur, très dur. Je le sens à ses mains. Viens !

J'ai le sentiment que ce rêve veut me faire comprendre quelque chose de très important. Je raconte mon rêve à une amie. On parle du sens plus profond. Dans mon rêve j'avais le choix entre la lumière et l'obscurité ; entre la chaleur, la convivialité, la couleur et la grisaille, le froid, le vide ; entre la vie et la mort. J'ai choisi la vie. Entièrement. Complètement. Ouvertement. Ce n'est plus nécessaire de me cacher derrière mes vêtements, mon mur. Je me promène en bikini. Je suis consciente de mon authenticité, mon ouverture d'esprit et ma vulnérabilité en même temps. Je n'ai plus besoin d'endroit pour me cacher, je n'ai plus besoin de me retenir, de me freiner … je vis sans entrave … libre.

Le monde est ma maison
A l'Ouest des Pays-Bas – La vie est un cadeau –
juillet 2014

Je me suis installée sur la terrasse … à l'ombre. Pour quelques semaines encore, je suis à l'endroit où j'ai habité ces neuf dernières années avec grand plaisir. L'endroit, où j'ai connu beaucoup de moments heureux, mais aussi des moments difficiles, tristes, compliqués … des bases se sont effondrées. Sans prévenir, à l'improviste … ce n'était pas toujours inattendu pourtant !

Mon intuition, mes sensations m'ont bien mis en garde. Mais … je refusais ces sentiments. Je me trouvais des raisons. Une des choses que j'ai apprises ces dernières années : … il faut suivre son intuition.

Ce n'est pas toujours facile de faire la différence entre un sentiment fort et une chimère. D'expérience je sais que les sentiments, les pensées et les chimères peuvent alterner rapidement et devenir « une ratatouille ». Va trouver le sentiment profond là-dedans ! C'est vrai aussi que je ne veux pas toujours consciemment faire confiance à mon intuition, parce que ce sentiment, cet avertissement ne me convient pas à ce moment-là ! Et puis, ce n'est tout simplement pas facile de se fier à ce sentiment à 100%. Ce n'est qu'en tenant compte et en obéissant à ce sentiment que j'ai appris à faire confiance … avec des hauts et des bas.

Pour moi mon sentiment profond me dicte la vérité, car il est relié à mon véritable moi, mon âme. Mon véritable moi me fait sentir ce qui est juste, sincère, ce qui est vrai pour moi à un moment donné.

Ces dernières années - et encore maintenant - j'ai consciemment tenu compte de mes sentiments, mes pensées, et mes chimères. Pas à pas j'ai appris à les démêler. C'est un long chemin … et je n'y suis pas encore. Ce n'est pas grave. J'accepte qui je suis en ce moment ... avec toutes mes possibilités et impossibilités. C'est très bien comme ça. Peut-être qu'une vie entière ne suffit pas à dénouer ce procédé. J'aime m'occuper de cela, car je sens ce que cela m'enrichit.

Ma vie entière est une seule et grande expérimentation. J'ai le droit de tout vivre et apprendre ; ce qui me convient, ne me convient pas à un moment donné. Je peux partager mon expérience, même si ça reste la mienne. C'est génial. En tout cas je suis contente de vivre ma vie ainsi. Ce n'est pas toujours facile, mais c'est enrichissant, dynamique. Je considère la vie comme un cadeau. Un cadeau que j'accepte des deux mains ... émerveillée par tout ce que je rencontre et par tout ce que je trouve sur mon chemin.

Le monde est ma maison
A l'Ouest des Pays-Bas – Immensité – juillet 2014

Un oiseau plane très haut dans le ciel. Tout à coup il tourne sur lui-même dans l'air. Je n'ai jamais vu une chose pareille. Etonnée je m'arrête pour le regarder. Il poursuit son vol avec élégance. Je vois ses ailes bouger tranquillement. Le ciel est bleu, vaste, immensément grand. Je rencontre des difficultés en ce moment. Je suis préoccupée ... une pensée bloque ma force. L'oiseau m'empêche de réfléchir. Je sens remonter à nouveau ma joie de vivre à l'idée que, moi aussi, je suis entrée dans l'immensité, déployant mes ailes vers d'autres lieux, d'autres régions, d'autres expériences, d'autres possibilités ... De temps en temps je retombe dans ma vie d'avant. Pourtant, je fais à chaque fois un pas de plus vers un monde ouvert, avec conviction et confiance.

Les idées jaillissent. Des projets qui donnent lentement forme à mon avenir.

Le chat des voisins est allongé sur l'herbe, une patte repliée. Il regarde autour de lui, à l'affût des oiseaux, il pointe les oreilles, quand il entend des bruits. Dans la maison des voisins on entend des bruits de cuisine, le beurre grésille dans la poêle, quelqu'un fouille dans un tiroir, il y a d'autres bruits que je n'arrive pas à reconnaître. J'entends jouer du piano et plus loin de la guitare. Je me crois dans un village italien. Il manque juste le jacassement des voisines … un chien aboie … c'est une belle soirée.

Un nouveau départ

Je vais faire un voyage sur les lieux de mon enfance. On dirait que ma vie se déroule en cercles de plus en plus grands. Dans la première partie de ma vie je me suis dirigée vers des points précis afin de retourner ensuite - inconsciemment - à ces endroits qui, à un moment donné, ont marqué ma vie. J'ai travaillé dans l'hôpital où mes enfants sont nés. Après j'ai travaillé dans la ville où j'avais débuté ma carrière. En ce moment j'habite le quartier où j'ai passé une partie de ma jeunesse. Et là je viens de prendre un billet d'avion pour l'île tropicale de mon enfance ; pour m'installer par la suite dans le pays de mes aïeux. C'est particulier.

Quelque chose – au plus profond de moi – m'attire dans ce pays. J'écoute ce sentiment fort. Je commence à me préparer à un nouveau départ. Je sais que c'est l'endroit idéal pour moi en ce moment précis. Après ma décision de me fixer dans un autre pays, je reçois des « cadeaux » inattendus, qui me faciliteront l'installation là-bas. Cela me réconforte dans l'idée d'avoir pris la bonne décision. J'étais loin de penser qu'on allait m'offrir une voiture.

J'ai tout planifié. Je travaillerai sur mes projets dans les deux pays et je me déplacerai en avion entre les deux. Une petite maison dans mon nouveau pays et un pied à terre ici. Des projets que je pourrai relier entre eux … Mais non. Cette idée n'est pas viable. Les projets dont je m'occupe actuellement s'arrêtent. Apparemment ma vie ne doit pas être vécue comme ça. Et à vrai dire, si j'écoute bien ce que mon cœur et mon âme m'inspirent, je sais bien que ce n'est pas ce que je désire le plus,

travailler et vivre de cette manière. Je connais depuis longtemps
mon vœu le plus cher, mon but dans la vie. Mais… j'ai mis « un
peu » de temps à me l'approprier … vraiment, entièrement, avec
dévouement …

Le monde est ma maison
A l'Ouest des Pays-Bas – Inspiration – juillet 2014

C'est bizarre. Un jour je suis à Curaçao et le lendemain aux Pays-Bas. Curaçao, un autre environnement pour moi. Je sais que le fait de voir autre chose, de vivre des expériences, me donne de l'inspiration. La semaine qui vient de s'écouler ne m'a pas beaucoup inspirée, alors qu'il se passait plein de choses en moi et autour de moi. Je me rends compte que j'ai mis fin à ma période néerlandaise, au moment-même où j'ai fermé la porte de ma maison début juin. A ce moment-là et à cet endroit j'ai littéralement laissé cet épisode derrière moi. Le dernier dimanche, dans ma propre maison, j'ai consciemment pris congé. Là, je me trouve pour un petit bout de temps dans un environnement familier. Et je m'aperçois que je suis aspirée vers quelque chose qui n'existe plus, dont je ne veux plus.

Il est temps de continuer …

J'ai bien discuté avec mon fils … une discussion ouverte, profonde, inspirante. Ce fut un moment exceptionnel. Nous avons déjeuné ensemble à quatre heures de l'après-midi. Du coup, ma notion du temps a changé. Habituellement je ne déjeune pas à quatre heures. J'ai regardé l'horloge : il était six heures, mais pour moi il n'était que deux heures. Le temps semblait s'être arrêté, parce que je déjeunais avec mon fils. C'est particulier.

Je rentre chez moi contente, en éprouvant un sentiment de richesse.

Le monde est ma maison
A l'Ouest des Pays-Bas – Etonnement – juillet 2014

Il pleut. Une amie me raconte sa sortie scolaire. A son retour sa mère lui dit : « Oh, ma pauvre fille, cette pluie, toute la journée … ». Mon amie s'en fichait. Ça avait été génial de sauter dans toutes ces flaques d'eau … C'était une sortie en forêt. Mon amie était ravie. Quand est-ce qu'on avait l'occasion de voir une grande forêt … surtout dans ces années-là … il y a très longtemps.

Je lui raconte aussi une histoire. Une de mes copines était partie en vacances en Suisse. C'était exceptionnel à l'époque ; nous ne partions pas en vacances. On restait à la maison ; j'avais déjà vu des images de montagnes, mais … quand elle est rentrée, je lui ai posé mille questions … C'est comment là-bas ? C'est comment de voir les montagnes en vrai ? … Qu'est-ce que ça fait quand on monte, quand on descend ? Qu'est-ce qui est différent en Suisse ? Ah, je voulais tout connaître. Je m'imaginais à quoi pouvaient ressembler un autre pays, ses habitants. Comment vivent-ils, comment sont les maisons, les routes ? Qu'est-ce qu'ils mangent ? Je voulais tout savoir. Je voulais vivre comme eux … rentrer dans leur peau …

Je le veux toujours … entendre, comprendre, comment ils vivent leur vie. J'aimerais bien rentrer dans leur peau de temps en temps … Ces différents modes de vie, ces différentes conceptions de la vie m'intriguent.

A Curaçao j'ai découvert la splendeur des iguanes et des lézards. Leur peau aux écailles irrégulières et changeantes … les couleurs, qui s'adaptent à l'environnement … vert, bleu, brunâtre … leurs petites pattes si rapides … des fois c'était comme s'il y avait juste un voile à la place des pattes. L'iguane qui faisait un signe de la tête, quand je voulais le prendre en photo. C'était merveilleux …

Il y a énormément de choses qui m'étonnent … heureusement.

Energie

Ma batterie se vide ...
Mon énergie s'en va ...
Je n'arrive plus à la retenir.

C'en est fini de l'existence dans mon ancien quartier.
J'ai fermé la porte.
C'est fini.
Terminé pour de bon.

Il est temps de continuer.
De poursuivre mon chemin.
Il faut avancer dans un futur sans contours.
Ouvert, vaste.

Des projets plein la tête...
Et ma richesse intérieure, mon expérience comme bagage.

Encore un peu de patience .... patience .... patience ....

Le monde est ma maison

Je fais un câlin à ma chienne, tendrement je prends sa tête dans mes mains et je la regarde droit dans les yeux. « Chère et fidèle camarade. Je te dis adieu. Tu m'as donné ton amour, ta joie de vivre pendant toutes ces années. Tu ne pourras pas me suivre sur le chemin, que je vais emprunter maintenant. Ce n'est pas bon pour toi. Je t'ai trouvé une autre maîtresse. Je sais que tu seras bien chez elle, sur ce grand terrain, ensemble avec les autres animaux. Je te demande de donner ton amour, ta chaleur, ta joie, ton « être » à ta nouvelle maîtresse ».

Elle me regarde avec ses fidèles yeux marron. Je sais qu'elle me comprend. Elle le ressent.

J'ai vendu ma maison. Le passage chez le notaire a eu lieu. Je n'ai pas de nouveau logement. Je n'ai pas d'adresse. Maintenant le monde est ma maison. Au cours des prochaines semaines je vais vivre dans une île.

Le monde est ma maison
A l'Est des Pays-Bas – En transit – juillet 2014

Mon ancien domicile disparait lentement derrière moi. Un papillon danse devant moi quand je m'arrête à un feu.

Plus tôt dans la journée une amie m'a demandé quel animal j'aimerais être dans une autre vie. C'est frappant. Je me suis posée la même question hier. L'image d'un léopard m'est venue tout de suite. J'aimerais bien être un papillon aussi, à cause de la belle transformation de chenille en papillon ou … un aigle.

Je mets sciemment un terme à cette période de mon existence. C'est bel et bien terminé. J'ai déjà mis fin à tant d'épisodes de ma vie. Je continue ma route avec confiance. Il est temps de faire autre chose.

Avec le soleil dans le dos je poursuis mon chemin. Les pensées m'empêchent de m'intéresser à ce que je vois sur la route. Il faut avoir confiance pour pouvoir lâcher encore un petit bout de ma vie … c'est compliqué.

J'arrive à un monastère. Une bâtisse imposante où je vais faire de la méditation et du yoga pendant une semaine.

Le monde est ma maison
A l'Est des Pays-Bas – Silence – juillet 2014

J'écris ces mots en silence.
Silence autour de moi,
Silence en moi …

Aujourd'hui c'est une journée de silence.

Marcher en silence.
Faire du yoga en silence.
Méditer en silence.
Avec concentration et attention.

Une femme appelle, les oiseaux gazouillent. Les voitures vrombissent en direction de l'Allemagne.

Je suis dans le jardin. L'herbe, encore humide par la rosée, brille comme des petits diamants. Une rose se berce doucement. Le vent me caresse le visage.

Le soleil réchauffe ma peau. Les gravillons crissent sous les chaussures.

Silence …

Des idées viennent et s'en vont. Une seule image reste plus longtemps. Je regarde son visage et je le laisse partir …

Silence …

La cloche sonne … dix fois.

Silence …

La sécurité dans l'incertitude

Le moment est venu. J'ai démoli mon mur pierre par pierre. Je laisse derrière moi le refuge, qui m'a servie tant d'années. J'ai compris que le monde peut être mon abri, à condition de rester fidèle à moi-même dans l'enchevêtrement des énergies que je ressens autour de moi. Je sais - d'expérience - que je possède suffisamment de force intérieure pour me sentir en sécurité partout, pas seulement derrière mon mur, mais aussi devant ou n'importe où. Je sors de mes pensées, de mon havre sûr. Ces pensées, qui ne me quittent pas … qui me permettent d'avoir un œil critique. Cela fait aussi partie de la richesse intérieure.

Le moment est venu de réaliser mes rêves. Dans mon cœur j'ai gardé tout ce dont j'ai besoin. J'ai tout transformé, retaillé grâce aux expériences que j'ai vécues. J'ai effectué une partie de mon chemin. Je ne sais pas quand j'arriverai au bout. Ce n'est pas très important. J'ai appris à profiter de chaque pas que je fais. Je m'enrichis. Même si je continue à avoir des doutes, que ma tête s'emballe, que je sais que je ne pourrai pas toucher tout le monde ; même si je continue à me heurter à mon impatience et à ma volonté de réaliser les choses immédiatement, je sais que je dois faire attention aux graines que j'ai plantées et que je dois avoir la patience de les laisser pousser - chacune à son rythme - sans intervenir.

Il est clair … que je dois effectivement modeler mon propre réseau, mon Wise Way Web, le réseau du « Chemin de Sagesse ». Pendant des années j'ai cru que je n'étais pas prête, que je devais apprendre davantage. Et c'était probablement vrai. Ces pensées, ce havre sûr, constituaient une excuse pour ne pas me lancer. Et il faut dire que le cosmos a honoré mes excuses. Mais j'ai compris que cela ne m'était pas profitable. Le moment est venu. Mon Moment. Il est temps de sortir de mon refuge, de mes pensées et d'agir ! Il est urgent d'entreprendre la création de mon réseau … dans un autre pays, une autre culture et une autre langue que la mienne … apparemment.

Je fais entièrement confiance à la façon dont les choses se déroulent dans ma vie. J'ai entièrement confiance en mon âme, qui est reliée à une force extérieure, au cosmos, à mes guides. Une force qui se trouve également en moi, des énergies qui me montrent le chemin envers et contre tout. A moi de m'en servir … ou pas. Mon libre arbitre me permet de le faire toute seule. Mais je me suis aperçue que cela ne me convenait pas. Il est préférable pour moi de faire confiance au cosmos, à mes guides. C'est alors que je reçois de beaux « cadeaux » : des rencontres avec des gens qui m'aident à avancer. Mais c'est tout de même à moi d'agir, sinon il ne se passera pas grand-chose. Pour moi c'est ainsi : quand je fais savoir ce que je veux et que je travaille dans ce sens, le cosmos me soutient. J'ai également remarqué que mes idées me font du bien, à moi, mais également aux gens de mon entourage. La réalisation de mes vœux est alors plus rapide et elle se fait d'une manière que je n'aurais jamais pu imaginer.

Par contre, des idées moins agréables se manifestent aussi. C'est ainsi que le monde qui m'entoure reflète mon image à certains moments. Cela comprend aussi tout ce qui attend en moi pour être transformé. J'ai pris conscience que l'idée d'avoir ma propre place mûrit lentement en moi. Une place née de mon essence, telle que je suis vraiment au plus profond de moi. J'ai toujours eu ma place. J'étais là et bien là. Mais maintenant c'est plus profond. C'est là que je vis entièrement ma vérité, en tenant compte de l'espace dont l'autre a besoin … bien que ce fût déjà le cas. Maintenant c'est plus profond … je suis à ma place, en liaison avec les autres, sans peur, sans doutes et avec une confiance totale. Il faut que je franchisse effectivement ce pas, afin de vivre, d'expérimenter, de découvrir.

JE VIS.

Le monde est ma maison
A l'Est des Pays-Bas – Des diamants – juillet 2014

Je sens encore l'herbe humide sous mes pieds nus ... montagne, chien, salutation au soleil, arbre ... les postures de yoga se succèdent. Mon corps et mon esprit prennent du plaisir. C'est le début de la journée. Des fourmis effleurent ma peau. Un rayon de soleil me touche le visage ... c'est doux et chaud.

Matin ... il est sept heures.

Marcher concentré, être assis en concentré, avancer ... rapidement, lentement. Méditer ... laisser de côté les pensées et les sentiments, prendre conscience du silence intérieur, même si ce n'est qu'un court instant.

Le soleil disparait lentement derrière les arbres ... une grosse boule orange. En bruit de fond j'entends des voix. Les gens profitent de cette belle soirée d'été.

La cloche sonne dix heures.

Dehors dans le jardin on échange des idées : ce qui nous préoccupe, ce qui nous motive ... il règne une ouverture d'esprit ; des liens se créent ...
Nous observons les étoiles ... des diamants qui scintillent dans la nuit noire.

Nous sommes des diamants qui - taillés par la vie - scintillent de plus en plus ... chacun à sa place, chacun à son rythme.

Je vais me coucher.

Je poursuis mon chemin ... en moi et dans le monde ...

Le monde est ma maison
A l'Est des Pays-Bas – Une promenade sous le cagnard – juillet 2014

En route ! Vingt kilomètres de marche sous le cagnard. Le paysage passe lentement à côté de moi. Les paysans travaillent dans les champs. Des cyclistes me dépassent. Je discute avec un homme qui fait la grande randonnée à travers tous les Pays-Bas.

Mon corps est dans son élément. Je monte sur un belvédère. Et j'ai encore le vertige … Je pensais ne plus l'avoir après les montagnes de l'Himalaya. Je regarde mon vertige en face. Ça aide. Je continue à grimper. La vue est belle.

Je continue mon chemin à travers un paysage de collines. Les Pays-Bas sont un beau pays. Je continue tranquillement. Il n'y a pas beaucoup de monde. Je songe que dans quelques semaines je pars vraiment dans le Midi pour bâtir une autre existence. Je ne peux m'imaginer comment ce sera. Je marche encore dans les bois et les champs dans le silence de la nature. Je donne libre cours à mes pensées … je peux imaginer, inventer … mais ça n'a pas beaucoup d'intérêt en ce moment. Je laisse mes pensées pour ce qu'elles sont.

Des papillons blancs m'accompagnent sur ma route. Je vois un arc en ciel.

Après une très belle promenade j'arrive à ma destination pour aujourd'hui.

Vivre pleinement

Je vis ; j'ai tout ressenti, tout vécu ... je vis. Malgré ma volonté de voir disparaître mes difficultés, je sais que mes problèmes seront résolus. Tout est éphémère, sauf les choses qui ont vraiment de la valeur ; mon âme, mon essence, mon amour, mon sentiment de bonheur, ma confiance, ma sécurité intérieure.

Mon espoir, mes désirs, mon optimisme, mon bonheur, ma joie de vivre, ma motivation, mon plaisir de voir les petites choses de la vie, mon étonnement, mon inventivité, ma diversité, ma force, mon énergie, ma confiance, ma persévérance, mon manque de docilité, ma créativité, ma compassion, ma passion et mon enthousiasme, ma flexibilité, mes possibilités et impossibilités, mes difficultés, mes incertitudes, mes déceptions, mes côtés sombres et mon essence indestructible.

Mes chagrins, ma vulnérabilité et mon ouverture d'esprit, ma réserve, mon amour et ma chaleur, ma sensibilité, mes peurs, mes doutes, mes luttes, mon intensité, mon impatience, mon entêtement, mes hauts et des bas. J'ai tout vécu, tout ressenti.

Ma foi dans la vie, mon chagrin à cause des gens qui souffrent, ma solitude existentielle, ma méfiance, mes chimères, ma légèreté, mon côté joueur et mon côté sérieux, ma curiosité et ma fascination pour d'autres manières de penser, d'autres manières de vivre, mon esprit curieux. Tout est là. C'est moi. J'ai tout vécu, tout ressenti.

Eh oui, de temps en temps je suis trop enthousiaste, trop impulsive ... malgré ma nature réfléchie et calme ... je suis

devenue celle que je suis vraiment, unique dans mon expression ;
comme toi tu es unique dans ton expression.

Il reste assez de choses à découvrir, à faire, à vivre, pour
pouvoir m'exprimer pleinement, pour trouver l'équilibre.

C'est à moi de modeler ma vie ; à vivre ma vérité pleinement.

Dans l'ouverture de l'esprit, sans m'attacher à ma vision des
choses, en me laissant entrainer par le courant de la vie, je vois
apparaître la solution des problèmes, les possibilités créatives ou
la réalisation de mes rêves. J'ai appris à faire confiance.

A la fin de cette étape de mon voyage, j'emporte dans mon
cœur tout ce que j'ai appris. Je suis prête pour la prochaine étape.
L'étape du papillon.

Le monde est ma maison
A l'Est des Pays-Bas – Sous le pommier – juillet 2014

Je dors sous la tente, sous un pommier ...

Progressivement je perçois des bruits, de plus en plus de bruits ... la nature se réveille.

Aujourd'hui j'ai un compagnon. Nous marchons sur les sentiers, qui serpentent la forêt, puis dans des allées droites. La nature se montre dans toute sa splendeur. Nous rencontrons le Gros Arbre. Cet arbre est sorti d'un petit gland il y a au moins cinq cents ans. Maintenant il est vieux et presque à la fin de sa vie. Un arbre qui a manqué connaître le moyen âge ...

Nous passons devant des manoirs majestueux, cachés derrière des rhododendrons ou d'autres buissons.

Après une belle promenade, il fait bon se reposer dans le jardin d'un hôtel dans un petit village. Satisfaits, nous dégustons une glace. La vie est belle.

Le monde est ma maison
A l'Est des Pays-Bas – Je continue – juillet 2014

Il pleut, quand je laisse le pommier et l'endroit où j'ai dormi derrière moi ; tranquillement je poursuis mon chemin, un cageot de prunes du jardin sur le siège à côté de moi. Je connais mieux les villages et les routes de L'Ombrie que notre propre région du Achterhoek. Je suis surprise par le beau paysage varié sur mon parcours. Des champs infinis de maïs. Mon compagnon de marche m'avait raconté que le plant de maïs à tige courte et verte est meilleur pour les cochons, ceux à tige longue et avec moins d'épis sont meilleurs pour nous. Ou c'est le contraire ? Je ne sais plus ...

J'apprends plein de choses sur la nature. J'absorbe tout ce que j'entends comme une éponge … dommage que je n'arrive pas à retenir tout. Je suis consciente d'être devenue une citadine. Je passe par une ville hanséatique et je décide de faire une halte … je n'y ai jamais mis les pieds.

Je continue ma route. Je retourne à l'endroit où je reverrai ma chienne. L'endroit où je vais passer les semaines à venir …

De chenille à papillon

J'ai l'impression que les dernières poussières ont été enlevées. Les quelques restes collés, qui m'empêchaient de m'installer définitivement dans le domaine de la créativité. Ce domaine où tout est possible, du moment que je fais totalement confiance à l'univers pour soutenir mes projets, sans me soucier des résultats, que j'aimerais obtenir, MOI. J'ai appris à avoir confiance en l'incertitude dans tous les domaines. Egalement sur le plan relationnel et ça a été le plus grand challenge. Savoir lâcher les résultats que je désirais pour faire entièrement confiance aux graines que j'ai semées, en sachant qu'elles se développent de façon invisible.

Ma vie ressemble à une fleur. Une fleur cachée à moitié sous un voile, mais qui a développé des racines solides. Une fleur qui, dans toute sa splendeur, s'ouvre lentement afin de montrer ses couleurs et de faire sentir son parfum. Comme un oiseau, qui, pendant des années, a été en sécurité dans le nid qu'il avait construit. Un nid fait de jolis brins souples, mais aussi de petites branches mortes, sèches et laides. Un oiseau qui sait maintenant - grâce à sa perspicacité - qu'il peut quitter le nid et déployer ses ailes robustes afin de voler en dansant et en tournant sur le rythme du vent. Comme une chenille sortie de son cocon et devenue un papillon coloré, qui s'envole dans le monde.

Je suis arrivée à ma nouvelle destination ; ma chienne me salue. Elle est contente … et moi aussi. Je constate qu'elle se plaît chez sa nouvelle maîtresse. C'est bien !

Je suis accueillie par les notes d'une très belle musique, quand j'entre dans ma « petite maison ». Il y a des fleurs fraîchement cueillies sur la table, quelques provisions, du café et du thé sur le plan de travail. Je me sens la bienvenue.

Je vis le PRESENT, à ce moment précis. Des gens gentils ont arrangé ma maison avec amour ; je le ressens. Nous prenons un café. On discute. Et ma chienne … me suit à chaque pas que je fais.

Une fois de plus je constate qu'il n'y a rien d'autre que le PRESENT. Le passé est terminé, le futur est ouvert. Et moi, je vis au PRESENT. Voilà ! Je le sais bien et je le sais depuis longtemps. Alors pourquoi il n'est pas aisé « d'être » tout le temps ? Les réflexions me sortent du PRESENT ; être consciente me ramène vers le PRESENT. C'est le paradoxe de vivre en conscience.

J'observe les animaux … les chevaux, les chiens, les poules, les moutons. Ils sont là, boivent un peu, reniflent … ils vivent. Nous faisons des projets d'avenir, nous pensons au passé et nous oublions de vivre, de vivre le moment présent. J'ai la vue sur un pré et sur un champ de maïs. J'entends le bruit du vent. Je me contente de ce que j'ai, des gens que je rencontre, des moments que je vis … seule ou avec les autres.

J'ai lâché la dernière pièce du puzzle, confiante que, dans l'espace que j'ai créé en lâchant, en laissant les choses, d'autres choses peuvent pousser et fleurir. Et ce n'est pas le contraire : comme mon désir de voir les choses se passer selon ma volonté. Je sais que les choses se dévoilent au bon moment et de façon appropriée. Mais je suis partie prenante. Je sais que grâce à mes intentions et à une attention particulière, les choses se manifestent d'une manière juste.

Je me trouve dans le PRESENT … ouverte, ouverte à ce qui est, ce qui vient …

Le monde est ma maison
A l'Est des Pays-Bas – A la campagne – juillet 2014

Je suis quasiment toute la journée dehors. Je commence la journée par nourrir les animaux. Puis il faut ramasser les crottes des chevaux … une brouette pleine. La production quotidienne de deux chevaux ! Le voisin s'occupe du potager. Je fais ma commande … de la salade et des haricots verts. Il me donne aussi une citrouille. Je peux l'utiliser en remplacement des pommes de terre, dit-il. Ça tombe bien, je ne mange pas de pommes de terre.

Après je promène ma chienne ; je marche en prenant conscience de ce qui se passe autour de moi ; tout à coup j'entends un bruit dans les branches … une biche s'en va avec son allure élégante. Un peu plus loin il y a trois cigognes.

Nous avançons, ma chienne et moi. Un sentier étroit nous conduit le long des arbres et des buissons. Il y a des orties ça et là. Je porte des tongs, mais ça se passe bien. Je ne touche pas aux orties. On saute par-dessus un cours d'eau. On poursuit calmement notre chemin. Je respire … je fais trois pas, j'expire … je fais quatre pas.

La vie de tous les jours continue … je lave mon linge, je paie une facture, j'envoie des mails et je prépare mon repas. La voiture de location de mon fils a été volée et incendiée … un braquage … ce sont aussi des choses qui arrivent.

Je suis à table dehors … je vais me faire un café …

Je me trouve dans un autre univers ; une nouvelle expérience m'attend. Je m'occupe des chevaux, des poules, des coqs, des chiens, d'un mouton, d'un hamster et d'un cochon d'Inde. Ah oui, j'allais oublier le chat. Maman chienne et sa fille sont couchées gentiment à mes pieds.

Les magasins se trouvent à neuf kilomètres. Je prends les légumes dans le potager.

Ma tête est vide. Je vis dans le calme et j'ai de l'espace. Mon esprit prend le pli. Lentement un nouvel objectif se dessine dans ma vie. Au fond il n'est pas nouveau du tout. Je connais mon but depuis longtemps. Ce sont plutôt les contours, qui sont de plus en plus marqués. J'ai la sensation de remplir lentement une nouvelle page, un petit tableau, que je colorie patiemment dans le calme et l'espace à ma façon, de l'intérieur.

Le rythme de la vie

Je me laisse entrainer par le courant de la vie. Mes vœux et mes intentions peuvent se réaliser. Je les lâche en toute confiance. D'expérience je sais que cette profonde confiance génère de nouvelles ouvertures, d'une façon, que je ne peux imaginer maintenant. D'expérience je sais que, si je m'obstine à agir selon ma volonté, tout s'arrête. En agissant de la sorte je ne crée pas d'espace pour d'autres possibilités ou solutions. Des possibilités, qui me conviennent mieux. C'est l'expérience qui m'a apporté cette vision des choses.

J'ai appris à faire mes activités tranquillement, en faisant attention à ne pas terminer à la va-vite pour pouvoir commencer autre chose. Je n'y arrive pas toujours, mais ce n'est pas grave. J'ai appris à prendre mes distances pour réfléchir, même si je réagis encore souvent rapidement. J'ai appris à être patiente avec moi-même. J'ai appris à ne plus me fâcher quand je n'arrive pas à appliquer une solution, dont je sais qu'elle est nécessaire, car dans ce cas je me heurte à moi-même et cela me déstabilise. J'ai appris à avoir patience avec le rythme sur lequel les expériences me sont offertes. Je voulais apprendre trop vite. J'avais soif d'apprendre, d'approfondir mes connaissances et je voulais satisfaire ce besoin à la hâte, sans permettre à l'expérience de se poser afin d'être comprise par moi. Mon impatience se manifestait dans des « J'ai compris. Allez expérience suivante ! ». Oui je comprenais tout à fait. Dans ma tête je savais parfaitement comment cela fonctionnait, comment il fallait faire. Mais appliquer ce qu'on a appris c'est encore autre chose. J'ai tout mon temps pour le faire. Et pourtant ça ne marche pas toujours du premier coup. J'ai appris à avoir confiance au rythme de mes expériences. Je suis confiante que la vie me donnera à chaque fois une nouvelle chance, une nouvelle expérience afin d'apprendre, d'évoluer. J'ai appris à regarder les choses en face, à les scanner, j'ai appris à laisser faire et à transformer par la suite. J'ai appris à avoir de la compassion pour moi-même, même si c'est parfois difficile, quand je mets la barre trop haute une fois de plus et que je ne réponds pas à mes propres attentes. Mais … je sais comment ça fonctionne dans ma vie. Et puis ce n'est pas grave ; je ne suis pas parfaite. Je suis ici pour acquérir des expériences, pour apprendre, pour avancer - avec des hauts et des bas '- afin d'atteindre une connaissance profonde, une compréhension totale, une véritable prise de conscience. Le fait de me heurter à quelque chose améliore ma vision, cela taille le diamant, que je porte en moi. Mais il y a également les très nombreux beaux moments de bonheur, qui m'aident à approfondir ma vision, à prendre conscience de la vie, telle qu'elle est voulue pour moi. J'ai besoin de liberté dans mon engagement pour faire briller mon diamant, ton diamant. Je ne peux faire autrement que de suivre cette sensation intense en toute confiance, sachant que c'est bon pour moi et pour ceux qui m'entourent.

Je sais ce qui se passe, quand j'ouvre mon cœur, quand je fais confiance à mon savoir et à ma force intérieurs. J'ai vu les dégâts, quand je nie ma propre vérité. Je me rappelle de la douleur, quand j'ai voulu me libérer des toiles d'araignées collantes, qui m'entouraient. J'ai conscience des dégâts du chantage émotionnel. Je connais la douleur et le chagrin. Je sais ce que joie veut dire. Je connais la signification d'impuissance. J'ai vécu la solitude universelle. J'ai constaté la relativité de beaucoup de choses.

J'ai affronté la vie … ma vie … avec mes expériences … que j'ai acquises sur mon chemin.

Tous ces acquis ont pour but de me rendre libre ; libre des structures figées, libre des peurs et angoisses, libre du besoin de contrôler les choses. Libre de me laisser bercer sur le rythme de vie de quelqu'un d'autre. Libre d'être la personne que je dois être. Une personne qui veut enrichir le monde avec ses talents, avec amour et dévouement. En outre je participe au déroulement de la vie par tout ce que je crée, tout ce que j'installe.

Je suis prête.
Je suis sortie de mon cocon.

Les papillons dansent devant mes yeux, comme s'ils veulent me montrer le chemin.

Je suis en bonne compagnie avec moi-même, depuis toujours d'ailleurs, mais cette fois-ci je suis rentrée chez moi. Rentrée en moi-même.

Liberté

Soudain apparait sur la mer
Un ballon bleu.

Un ballon bleu - sur la mer
Insolite …

Caracolant et sautillant
Sur les vagues, montant et descendant
Il trouve sa route.

Il atterrit
Sur la plage
Et roule sur le sable.

Je le ramasse
Et je le lâche.

En un clin d'œil
Le ballon bleu
Retrouve son chemin.

Bizarre, un ballon bleu
Sûr et décidé
En route pour les dunes.

Tout à coup une bourrasque
Venue de nulle part.

Le ballon bleu
Se laisse aller
Au gré de la tempête.

Le monde est ma maison
A l'Est des Pays-Bas – Une nouvelle journée – juillet 2014

Une nouvelle journée m'attend. A moi de l'organiser. Et ça … et ça n'est pas toujours facile …

Bien-sûr j'ai des tâches à accomplir : nourrir les bêtes, enlever les crottes, faire des courses, sinon j'ai tout mon temps. Je peux faire du vélo, marcher, faire un jogging, visiter des villes. Il y a de belles petites villes dans les environs. Des villages que je ne connais pas. Il y a plein de possibilités. Mais là, en ce moment je me heurte à ma propre liberté, liberté au sens de temps libre.

De temps en temps je me dis qu'il est tout de même facile d'avoir un travail fixe. Ça crée une structure. On n'a pas besoin de réfléchir de ce qu'on doit faire de sa journée, comment on l'organise. Ça marche tout seul à cause de tout ce qu'on a à faire, à cause de toutes les obligations : donner des coups de fil, répondre aux mails. Des dirigeants attendent une réponse ou un rapport, qui doit être écrit.

Des réflexions et des rêveries me sortent de ce moment.

Je prends une douche et je sens l'eau couler sur moi. C'est agréable.

Tantôt je continue l'écriture de mon livre. Les phrases jaillissent déjà. Je reprends les leçons de vocabulaire … des mots que je ne connais pas encore et des mots que j'ai oubliés. Le soleil chasse lentement les nuages … Tout à l'heure je vais courir.

Je commence ma journée …

Je vois des papillons, il y en a beaucoup ... ils sont blancs. Ça fait des jours, des semaines, même.

Hier un papillon aux rayures oranges a dansé devant moi ... en montant, en descendant puis il s'en est allé. Aujourd'hui le papillon est à l'intérieur.

Il m'est arrivé de dire à mes enfants que, quand j'aurais disparu, je reviendrais de temps en temps sous la forme d'un papillon orange. Un geste voletant, un signe d'une autre dimension, élégant, léger et dansant ... qui sait ...

Le monde est ma maison
A l'Est des Pays-Bas – Bien-être – août 2014

J'ai une dure journée. Je me heurte à moi-même, à mon impatience, au calme et à la tranquillité des lieux. Je veux bouger, agir, sortir, vivre de nouvelles expériences.

Tout à coup je réalise que cet environnement, ce moment me sont bénéfiques. C'est nouveau. Je me laisse aller. Et à ce moment précis je sens une autre énergie autour de moi, une énergie légère, rare. Les mots me manquent pour exprimer cette sensation. C'est une énergie attrayante, une énergie que j'aimerais garder ... C'est comme s'il y avait une ouverture vers une autre dimension, plus haut. Une ouverture vers un espace où tout est possible, un espace où mon cœur peut s'ouvrir entièrement, un espace où ma liberté intérieure peut donner libre cours à mon amour. Dans cet espace d'amour mes intentions se réalisent.

Je fais du café. Je me retourne. Les chiens commencent à remuer la queue, quand je les regarde. Que c'est beau ! Je me penche pour caresser les

chiens. Ils viennent vers moi ... Je ressens ma propre joie et celle des chiens
....

Je m'aime … Je t'aime …

Je prends mes distances et subitement je sens qu'il y a de l'espace pour mes problèmes.

Pour ma maison ça s'est passé comme ça. Tout à coup elle était là. En l'espace d'une semaine je l'ai achetée. C'était la même chose pour mon travail. Soudain une offre d'emploi s'est présentée et je savais que ce poste était pour moi. Et toi … qui apparaissais par surprise dans ma vie.

En lâchant les résultats que j'aimerais obtenir et dans l'acceptation des incertitudes, j'ai commencé à voir des ouvertures. Au moment où je prends mes distances par rapport aux résultats souhaités, on dirait qu'une espace se crée pour la solution de mes problèmes. Au lieu de tergiverser, la solution se présente à moi ; je l'ai devant moi, qui danse et virevolte. Et moi … je suis contente et reconnaissante à la fois. J'ai une très grande confiance dans l'aventure qu'est ma vie. Même si je régresse de temps en temps et que je veux voir la réalisation de mes vœux sur le champ, je suis consciente que ça ne fonctionne pas pour moi et je me rappelle à l'ordre. Je me souviens que ce n'est qu'en lâchant les résultats escomptés et en faisant entièrement confiance, que mes vœux sont exaucés d'une façon que je n'aurais jamais pu imaginer, c'est mieux et sublime, même.

Il y a des années je me suis trouvée une devise : « La liberté intérieure permet à l'amour de couler abondamment ». Maintenant, de nombreuses années plus tard, je sais d'expérience que ma devise est juste. J'ai en moi assez d'espace pour donner et recevoir l'amour. Sans contrepartie, juste parce que ce sentiment est en moi. Avec mon cœur - sans préjugés - et parce qu'il est agréable, enrichissant, inspirant, engageant d'aimer et de pouvoir dire et de recevoir :

Je t'aime, je te vois comme une personne, tout comme je suis une personne.

Je t'aime, je suis contente que tu sois là.
Je t'aime, je suis heureuse, pour qui tu es.
Je t'aime, je savoure nos moments de complicité.
Je t'aime pour ta fragilité et ton honnêteté.
Je t'aime, tu me montres ce que je ne connais pas.
Je t'aime envers et contre tout.
Je t'aime, parce que tu es TOI.

Même si je dévie de mon chemin, je sais - au plus profond de moi - que la force de l'amour est indestructible. Je peux dire avec conviction « Je t'aime », parce que je m'aime comme je suis. Tout est permis. Même si je me heurte à moi-même et que je connais mes angoisses, mes désirs de vouloir faire les choses selon ma volonté, mon manque de docilité, l'amour est mon sentiment le plus profond … l'amour pour moi-même, pour l'autre, pour la nature.

Je suis reconnaissante pour tous les cadeaux inattendus que j'ai reçus dans ma vie ; des paroles, des moments, des rencontres. Je peux exprimer avec franchise ma gratitude pour toutes les expériences que j'ai vécues, qu'elles furent difficiles ou compliquées … cela m'a conduit là, où je suis maintenant. J'ai une confiance profonde en moi, la vie et le cosmos.

Le monde est ma maison
A l'Est des Pays-Bas – Rien – août 2014

Ces derniers jours l'ennui me gagne. Ce n'est pas très inspirant. Il y a plein de choses à faire et à voir ici, je suis en bonne compagnie avec moi-même.

Bizarre que je m'ennuie. Mais quand-même … j'ai besoin de plus de contact avec les gens ou, en tout cas, d'un meilleur équilibre entre mon espace, qui est important pour moi ET l'échange d'idées et d'expériences avec les autres. Cet équilibre me convient très bien.

Je passe devant un champ, où il y a au moins vingt cigognes … ce sont de beaux oiseaux. Solennelles dans leurs vestes blanc et noir, elles picorent ça et là dans l'herbe.

Je me promène dans une petite ville avec une amie. J'adore voir avec le regard de quelqu'un d'autre, les mêmes rues que j'ai déjà vues en début de semaine. Une autre personne ne ressent pas ce que je ressens … et quelques fois on a les mêmes sensations. Partager … c'est beau, enrichissant, je trouve.

Il pleut … et moi je suis dehors bien à l'abri. La pluie tambourine sur l'auvent. Les chiens sont couchés à mes pieds. Le voisin m'a préparé des légumes … fraîchement cueillis dans le potager.

Je suis bien.

Le monde est maison
A l'est des Pays-Bas – Le coq – août 2014

J'aime le cocorico des coqs. Je le trouve reposant.

Ces bruits résonnent en moi …

Je suis en route pour la ville la plus petite des Pays-Bas.

Je m'arrête à une ferme qui vend - bien-sûr - des glaces bio. Je choisis une glace aux noisettes. Je pose les € 1.50 dans une coupelle, prévue à cet effet. Des fauteuils sont disposés dehors. Au soleil je déguste ma glace, qui est très bonne.

Je prends le bac pour traverser la rivière IJssel. Un peu plus tard j'entre dans cette petite ville de cent cinquante habitants.

Je me promène dans les petites rues étroites de cette toute petite ville et je m'imagine la vie de ses habitants. Je me représente une communauté soudée. Dans une petite ville comme ça on dépend les uns des autres. Je m'imagine la vie des artistes qui ont une galerie d'art ici … je m'aperçois que je n'aimerais pas être à leur place.

Ce que je vois me plaît beaucoup … des jardins bien arrangés avec plein de fleurs, un petit bois avec de vieux arbres, des bâtiments anciens, une vieille maison de maître. Quelles histoires peuvent cacher ces maisons ? …

Il y a des gens qui se reposent sur une terrasse de café … je les observe. Qu'est-ce qu'ils ressentent ? Est-ce qu'ils apprécient ce moment ? Ou est-ce qu'ils pensent à autre chose ?

Lentement je laisse la ville derrière moi.

Un coq chante ...

Un engagement libre

C'est le fil rouge de ma vie : être libre dans mes engagements. Je me suis engagée envers moi-même, j'ai trouvé en moi une liberté, que j'ai su garder tout au long de ma vie. C'est à moi maintenant de faire connaître cette idée d'engagement libre. C'est ma vérité.

Vivre tel, que la vie doit être vécue, vivre pleinement, être l'expression entièrement créative de mon ETRE. Pour cela la liberté s'impose, la liberté intérieure avant tout ... libre d'angoisses, de doutes, d'obstacles et même si cela ne fonctionne pas à 100%, ce n'est pas grave. Accepter et laisser faire sont aussi des formes de liberté en quelque sorte.

La liberté dans mes engagements me place quelque part sur mon chemin. Un chemin sans début, sans fin. Mon âme, mon moi continue à exister sans début, sans fin. Nous sommes prisonniers du temps. Si on efface le temps, tout est pour toujours. Le PRESENT éternel. En tant qu'être humain dans cette vie, je poursuis mon chemin dans le temps avec un passé, un présent, un futur. Avec mes aspirations et mes désirs. Mon expérience et mon épanouissement. De temps en temps j'entrevois comment on peut vivre la vie tel qu'elle doit être vécue. Je m'y engage. Je veux faire connaître cette vision.

Nous sommes sept milliards d'habitants sur cette terre. Chacun suit son propre chemin, qui est unique. Que d'expression créative ! Personne ne suit le même chemin, ni celui de ses aïeux, ni celui des générations futures. Si nous marchons ensemble – unis – nous pourrons atteindre un endroit où il fait bon vivre. Ensemble - libres. Les gens ne se ressemblent pas, aucune fleur, aucun arbre, rien dans la nature n'a sa réplique exacte. C'est une immense expression créative et nous en faisons partie. Il y a une place pour chacun d'entre nous, un espace pour être soi-même. Si nous en avons conscience ... si nous comprenons cela, nous pourrons transformer le monde en un bel endroit pour vivre - ensemble - pour vivre réellement. Mais ... nous avons encore du chemin à faire avant d'y arriver. Moi aussi.

Le monde est ma maison
A l'Est des Pays-Bas – Heureuse – août 2014

Je suis heureuse … avec les gens autour de moi, les chiens à mes pieds, la nature … nous nous enrichissons mutuellement … c'est un environnement plein d'amour.

J'ai eu mon premier cours d'équitation avec un des chevaux dans le pré. Une belle expérience ! Le cheval se déplace tranquillement dans le pré, en me portant sur le dos, sûr de ses pas. Mon accompagnatrice est à côté et elle tient les rênes. Elle me dit qu'elle s'occupe de chevaux, depuis qu'elle sait prononcer le mot « cheval ». Je lui dis qu'elle doit se sentir unie avec les chevaux ; elle confirme. C'est beau.

Une pensée douloureuse me sort de ce sentiment d'ouverture, de bonheur. Oh là là, ces pensées … elles sont troublantes et … en même temps elles veulent me faire savoir quelque chose … Je pourrai encore ajouter un vers au poème que quelqu'un m'a offert dernièrement.

« Si tu arrives à te détendre dans la douleur, tu trouveras une nouvelle ouverture dans ton cœur ».

Je vais faire une promenade en voiture. Un peu plus tard je me balade dans une jolie ville. Quelqu'un me dit : « Salut » ! Je la salue à mon tour. Je sens à nouveau monter un sentiment d'amour. Amour pour les gens, un sentiment de bonheur avec tout ce que je vois et vis.

Je suis bien dehors. La pluie tambourine sur l'auvent.

Le monde est ma maison
A l'Est des Pays-Bas – Le dernier jour – août 2014

Après trois semaines et demie voici mon dernier jour à cet endroit. Demain matin je pars vers une autre destination.

Mon fils passe pour dire au-revoir à notre chienne. Notre chienne, qui a une nouvelle maîtresse et une nouvelle adresse extraordinaires.

On va manger chez une amie indonésienne. La cuisinière est occupée à préparer les plats ; de délicieux parfums me chatouillent le nez.

Hier soir j'ai diné avec deux amies. Une copine se rappelle du premier repas dans ma chambre d'étudiante. « Tu étais tellement libre », dit-elle. Et moi, je me rappelle d'un sujet de conversation, que j'avais mis sur la table : C'est quoi la vie ? Je parle d'il y a plus de trente ans. J'ai continué à me poser cette question. Au fil des ans mes réponses sont devenues plus complètes. La recherche de plus en plus poussée m'apporte davantage de sagesse, de vision, de prise de conscience.

Je sens le bouillonnement et l'effervescence à l'intérieur de moi ... Que m'apportera l'avenir ?

J'ai dit adieu à ma chienne ... ma chère chienne fidèle.

Le sommet de la vie

Je suis l'auteur créatif de ma propre existence, j'en suis le bâtisseur et je suis aussi un bâtisseur de LA vie. La vie, qui se déroule grâce à mon existence et l'existence de chacun d'entre nous, morceau par morceau.

Je sème mes propres graines, belles et moins belles, il y a quelques fois des graines pourries parmi les autres. D'expérience je sais que le cosmos me soutient. Je ne suis pas seule … jamais. Je ressens les liens entre les autres et moi, entre la nature et moi, entre l'âme du cosmos et mon âme. Je suis libre dans toutes ces connexions … Libre d'être telle je suis, libre de vivre mes expériences à l'intérieur de mon espace, libre de dévoiler mon « moi » le plus profond, de l'exprimer et de le vivre. Le « moi » qui, par son amour et son dévouement, veut enrichir le monde avec sa récolte, ses talents, son « être ». Un « moi » sans angoisses, sans chimères. Un « moi » qui a le droit de jouer avec une multitude de possibilités. Voilà le sens de la vie. Un énorme cadeau. C'est à moi de réaliser, de mettre en pratique tout cela … ensemble avec les autres.

Régulièrement j'ai voulu aller plus vite qu'il ne m'était possible à ce moment précis. J'ai appris à donner de l'espace, pour que le processus puisse se réaliser à son propre rythme. Bien que je trouve cela toujours difficile. Je pense qu'il faut savoir savourer les petits progrès, comme je l'ai fait lors de ma marche vers Saint Jacques de Compostelle : faire huit cents kilomètres, pas après pas, en profitant de chaque instant, de chaque événement, des paysages qui changent au fur et à mesure. Cela revient à dire que je vis le présent de façon - de plus en plus

- consciente, au lieu d'avancer dans ma tête pour déjà arriver au bout. Je réussis de mieux en mieux. Je n'arrive pas à sauter des étapes, tout bêtement. Je pensais trop grand et je voulais commencer directement par la fin. Je n'avais pas envie de faire tous ces petits pas. J'avais tout compris. Mais entre savoir et l'appliquer, il y a une grande différence. Il faut de l'entrainement pour faire de grandes choses. Tout comme le sportif de haut niveau s'entraine pour être au top, je suis en pleine forme grâce à mon vécu, prête pour la prochaine étape de ma vie.

J'atteins le sommet de la vie en exprimant de façon éloquente ce que sont mon âme, mon moi, et mes talents. Mon âme sait ce qui me convient et ce qui convient à mon entourage. Il est donc très important de savoir qui je suis. Le Bouddhisme dit : « Tu es Bouddha, un être éclairé », le Véda parle d'étincelle divine, la Bible parle de l'image de Dieu.

Nous sommes beaucoup plus que nous croyons. Nous sommes capables de déplacer des montagnes, quand nous avons conscience de notre véritable « moi ». De temps en temps je m'en rends compte dans la vie de tous les jours, que c'est d'une facilité consternante. Je constate qu'en offrant moins de résistance, en lâchant davantage, les choses se réalisent sans difficulté.

Je ne peux faire autrement que de m'abandonner au rythme de la vie. J'ai acquis la confiance que dans cet abandon mes vœux seront exaucés. Peut-être pas comme je l'avais imaginé, mais mieux, plus grand.

On peut comparer le commencement de la vie à un petit bébé, qui grandit pour apprendre à marcher, sans se fatiguer, en tombant et en se relevant, jusqu'au moment où il a acquis cette compétence et qu'il peut entamer une nouvelle phase de développement. Tout commence petit : un arbre est d'abord une graine, qui se développe lentement pour devenir un gros arbre fort. Même le monde n'était rien au début, juste un moment dans le temps. Tout se développe à son propre rythme et j'en fais partie. Je ne peux forcer les choses. Mes idées, mes désirs, tout a besoin de temps. Après tout je vis dans un espace indissociable du temps.

Le monde est ma maison
Au Centre des Pays-Bas – Petits cadeaux – août 2014

Je fais connaissance avec une voisine. Elle demande si tout se passe comme je veux. Oui, ici aussi, on est bien. Il manque juste une cafetière électrique ; j'aime avoir un bon café pendant que j'écris. Peut-être que mes amis l'ont emporté en vacances, car c'est agréable d'avoir une bonne tasse de café au camping. La voisine me prête une cafetière.

Je fais une course. C'est un autre environnement avec des magasins au coin de la rue.

Après je fais faire le contrôle technique de ma voiture. Tout est parfait. Je n'ai rien à payer. Un petit cadeau de plus.

Je règle quelques affaires pratiques avant mon départ pour le Midi.

Ça approche. Encore une dizaine de jours …

Le monde est ma maison
Au Centre des Pays-Bas – Un moment de repos – août 2014

Je me fais un thé avec l'eau brûlante du petit chauffe-eau de cuisine. C'est très pratique ; l'eau bouillante sort directement du robinet. Je me demande comment l'eau peut chauffer aussi vite. Mon thé est préparé en trois petites secondes.

J'aime bien ce genre de gadgets. J'aime les différentes nouveautés technologiques. Mais … quelque chose me manque …

Je me demande quoi …

Ça va trop vite.

J'aime attendre que l'eau se mette à bouillir pour ensuite verser l'eau bouillante dans ma tasse. Là je mets ma tasse sous le robinet de l'appareil et c'est terminé. La méthode « ancienne » est un moment de repos. Et apparemment je trouve cela agréable. C'est intéressant de l'apprendre grâce à un appareil à la pointe de la technologie.

Bilan

Pendant toutes ces années j'ai voulu livrer ma vérité la plus profonde et c'est ce que j'ai fait ... avec parcimonie, avec prudence ; de préférence aux personnes de mon entourage, ceux que je connais bien. Quand je parle aux autres de ma vérité, ils n'entendent pas vraiment ce que je dis ou ne veulent pas l'entendre : « Ecoute-la ! » Et ils rient ou se moquent de moi. Cela m'a fait douter de la façon dont je dois délivrer ma vérité, pour que les gens me comprennent, m'entendent. Je me refugie alors dans mes pensées. Je vois que les gens se demandent : « Tu viens d'où, toi ? D'une autre planète ? Redescends sur terre ! » Et d'autres qui me disent : « Ne te complique pas la vie ! Profite ! Tout est bon à prendre ! Il faut te faciliter l'existence ! » Non, ça ne me convient pas du tout, ce n'est pas du tout ma façon de faire. Je peux prendre un plaisir immense aux nombreuses choses que m'offre la vie. J'aime les signes d'affection que je reçois : un effleurement, un geste, un sourire, une rencontre, une discussion, un moment de partage ... mais je sais tout simplement que les liens mutuels et les rencontres nous permettent de résoudre nos problèmes. Une union, où chacun a suffisamment d'espace pour être soi-même.

Les gens me trouvent idéaliste. Je ne verrais que le côté rose. A mon avis je ne présente pas toujours les choses sous un jour favorable. Je vois bien la souffrance, le chagrin autour de moi, les atrocités près de moi ou plus loin. Cela me rend triste. Triste à cause de notre impuissance à résoudre nos problèmes. Je suis attristée, parce que les gens refusent de s'unir, parce qu'ils sont individualistes. Ils sont suffisamment occupés avec leurs propres problèmes. Et c'est là que le bât blesse. Ils sont enfermés dans leurs problèmes. Enfermés dans leur propre cage. Enfermés en eux-mêmes. Les gens perdent la connexion avec leur entourage. C'est un paradoxe … car la plupart d'entre eux ne veulent pas du tout d'une existence figée. C'est ce que je vois et ressens autour de moi.

Cela fait du bien d'ouvrir son cœur aux autres. Ça fait du bien d'être apprécié et d'être reconnu pour ce qu'on est. Ça fait du bien de faire entrer quelqu'un dans son cœur. Ça fait du bien de se sentir en sécurité. C'est enrichissant. Cela nourrit notre âme, notre propre existence. De cette rencontre naissent des solutions pour nos problèmes, de nouvelles idées créatives, afin de changer notre mode de vie. Cela crée un courant, une ascension. C'est ainsi que je le vois. C'est ainsi que je le vis.

Je me suis sentie seule, très seule, une solitude existentielle. Un isolement qui touchait mon essence même … il y avait une méprise totale de ma vérité, de ma manière de façonner la vie. Je me sentais à chaque fois livrée à moi-même et je me suis retirée pour me protéger et pour protéger cette vérité. L'unique lien qui me restait quand j'étais enfant, était le lien avec moi-même. J'ai nourri ce lien … pendant toutes ces années. C'est ainsi que j'ai appris à connaître toutes mes facettes.

J'ai travaillé dur dans mon jardin. Le jardin que j'avais délaissé quand j'étais enfant, parce qu'il y avait tant d'autres découvertes à faire. Ce jardin, je l'ai entretenu tous les jours depuis toutes ces années. Parfois trop rapidement, parfois trop lentement. Parfois de façon trop irréfléchie.

Mes rêves d'enfant - devenir sportif de haut niveau, judoka, championne de tennis - j'ai pu les réinvestir d'une autre manière dans ma vie de tous les jours. J'ai reçu le bon entrainement afin de pouvoir suivre mon chemin et d'améliorer mon développement personnel. Les gens autour de moi ont été mes coaches ou bien mes supporters, mes défaites m'ont fait prendre conscience. Et moi j'ai entrainé mon corps, mon esprit et mon âme … tous les jours. Et cet entrainement quotidien va continuer … jusqu' à la fin de ma vie.

J'ai voulu être le pilote de mon propre bateau. J'ai gardé le cap contre vents et marées ; un de mes enfants m'a même nommée amiral, quand je disais qu'il n'y avait qu'un capitaine à bord … et que c'était moi. J'ai élevé mes enfants comme un capitaine, qui a fixé sa route et qui est sûr de son cap. Je n'ai pas dévié malgré les tempêtes, le déchainement des vagues et les vents contraires violents. Je croyais en ma route et mon cap.

Les vagues de l'océan de la vie m'ont submergée, mais je ne me suis pas noyée ; au contraire, je suis devenue une bonne nageuse, une nageuse, qui est maintenant prête à surfer sur les vagues. Quand je tombe de ma planche, je sais que je suis capable de nager et de remonter pour continuer à surfer. Les cheveux au vent, je joue avec ma force et les forces de la nature. Je danse sur les flots, légère comme une plume, libre comme un oiseau. En dansant ainsi, librement, je me sens unie avec tout ce qui existe.

Un jour je me suis dit que je voulais être l'héroïne de ma vie. C'est ce que je suis devenue. La vie m'a donnée ce que je voulais,

peut-être pas toujours comme je l'avais prévu, mais autrement
… mieux.

Je voulais être une reine, quand j'étais une petite fille et même
après. Ça me plaisait bien. Toutes ces portes qui s'ouvrent sur un
monde peuplé de gens intéressants. Petite fille, j'étais la reine de
mon monde magique. Et maintenant je vis dans un monde, qui
m'appartient, où les portes s'ouvrent sur des personnes agréables
et belles … des personnes sincères.

Ma vie est le reflet de tous ces vœux, toutes les graines que
j'ai plantées … graines fertiles et graines stériles. J'ai connu des
circonstances, qui m'ont poussée à faire des changements à
l'intérieur de moi-même. J'étais souvent têtue. Je n'osais
répondre à l'appel, car je pensais ne pas être prête …

Le cours de ma vie a laissé des traces, des fissures. L'adresse
et la vitesse que je possédais enfant, la confiance totale dans les
capacités de mon corps ont été cabossées. A l'époque je savais
sauter de rocher en rocher sans tomber, mais à présent je
ressens parfois de l'angoisse, la peur de tomber. Ce ne sont pas
tellement les bosses, j'ai tout simplement négligé l'agilité de mon
corps ; j'avais d'autres priorités. Ces dernières années je prends à
nouveau davantage soin de mon corps et je m'aperçois que je
retrouve à chaque pas un peu de mon adresse, de ma vitesse et
de ma confiance. Les capacités de mon corps me font
énormément de bien.

J'ai laissé derrière moi la méfiance que j'ai éprouvée à un
moment donné … tout en gardant mon esprit critique.

Je suis reconnaissante pour toutes ces expériences. J'ai vécu et senti, accepté et lâché, j'ai transformé les choses là où c'était nécessaire et quand j'en avais l'occasion. A mon avis c'est ainsi qu'il faut faire pour avancer ... plus près de moi-même ... de la personne que je suis vraiment.

J'ai touché le fond et atteint des sommets. Mais mon âme ... est indestructible. Elle m'a menée jusqu'ici. Je laisse derrière moi la dernière fraction d'angoisse, la dernière fraction de sécurité. Je sais, que je serai confrontée à mes propres sentiments et à mes peurs en cherchant le juste milieu entre moi-même et les autres. Une fois de plus je suis persuadée, que je ne pourrai faire autrement que de vivre et de délivrer ma vérité. Je ne peux faire autrement que de prendre ma place dans l'union avec les autres. Une vérité à laquelle je crois entièrement.

Nous sommes capables de faire bien plus que ce que nous croyons.

Tous mes vœux se sont manifestés ... au moment juste dans ma vie. J'ai une vie extraordinaire. Je ressens une grande gratitude. Il est clair que je ne dois plus avoir de doutes, que mes peurs et mes chimères sont basées sur rien ... que je dois avoir confiance, que je dois croire en moi, en ma nature profonde, mon âme, c'est tout ce qui compte. Mon âme est connectée à tout un chacun. Mon âme est unie avec tout un chacun.

A condition que je continue à voir les liens, et surtout le lien avec moi-même. Si je le perds, je souffre. Je retombe alors dans mes doutes et mes angoisses. A ce moment-là ma bougie s'éteint. Je n'ai plus de lumière. En plus il est important pour moi de continuer à voir les connexions avec les autres. Si je les perds, je me retrouve dans une espèce de compétition, je deviens « petit coq », il n'y aurait que l'ambition, qui compte. Ni l'un, ni l'autre, me conviennent. N'est-ce pas la même chose pour tout le monde ?

Je me suis entièrement donnée pour élever mes enfants, pour les guider vers leur propre personnalité. Je leur ai donné ma vision de la vie en leur montrant qui j'étais. J'ai fait de mon mieux pour leur donner l'espace nécessaire à la découverte d'eux-mêmes, l'expérience de savoir ce qui leur convenait ou pas, tout cela dans un environnement chaleureux et sûr, mais avec certaines limites. On pouvait se dire tout. Des disputes vives en faisaient partie. C'était mon idée de les former à ça. Je me suis appliquée à leur apprendre qu'il est important de suivre son cœur, de découvrir ses talents et de les utiliser, mais aussi à rester critique. C'est à eux maintenant de modeler leur vie, de vivre leur vérité et de la communiquer.

Ma vie m'a donné l'expérience et la confiance en notre capacité de faire beaucoup plus qu'on ne le pense !!

Je ne dépends pas d'un partenaire qui me donne de l'argent, qui m'offre son amour ou pas, qui veut bien m'aider à résoudre mes problèmes ou pas, qui me soutient ou pas. J'aimerais bien partager ma vie avec quelqu'un, mais uniquement à ma manière : vivre ensemble, comme je l'entends ; libre, mais engagé en même temps.

Je ne dépends pas d'un patron qui m'embauche ou qui me donne ma démission. Je ne dépends pas de mes effets personnels. Je ne suis pas esclave de mes possessions.

Qu'est-ce que j'ai appris ? Petit à petit j'ai démoli mon mur à la recherche de ce qui est bien pour moi. Enfant, je le savais déjà. J'ai dû acquérir l'expérience pour retrouver ma propre voie dans la vie.

Grâce à cette expérience je comprends les autres. Comme j'ai connu le chagrin, je peux comprendre le chagrin des autres. Comme j'ai connu l'impuissance, je peux comprendre le sentiment d'impuissance chez les autres. Comme j'ai vécu sans ressources, je peux comprendre ceux qui vivent dans le besoin. Comme j'ai ressenti et vécu des angoisses, je peux comprendre les angoisses des autres. Comme je sais ce que c'est que de rompre avec la structure de la foi, je peux comprendre les angoisses de ceux qui essaient de sortir d'une structure qui ne leur sert plus. Parce que j'ai touché l'essentiel, je sais de quoi nous sommes capables.

Ceci est mon chemin, le chemin de ma conscience, qui me rappelle qui je suis réellement. Apparemment toutes les expériences dans ma vie ont été nécessaires pour revenir à ce point précis … c'est-à-dire le point de savoir qui je suis.

Lors des pérégrinations de la vie nous créons autour de nous des choses positives et négatives, des choses qui facilitent notre existence ou qui la détruisent. Nous devons prendre nos responsabilités en ce qui concerne notre propre existence. J'ai mis en pratique beaucoup d'aspects, mais pas tout.

La vie se déroule grâce à notre présence, nos expériences, nos vœux, nos idéaux, notre mode de vie. L'univers soutient sans faille nos désirs, ce qui est bon et ce qui est mal. Je suis consciente de porter une grande responsabilité, la responsabilité de planter uniquement des graines fertiles. C'est le chemin … et chaque pas dans la bonne direction est déjà une victoire. Ensemble nous pouvons encore faire davantage.

Je ne sais pas comment cela fonctionne. J'arrive à entrevoir de plus en plus souvent l'immensité de l'univers. Et c'est déjà bien beau.

Comment me lier à des gens, qui me rejettent à chaque fois ? Il doit y avoir un moyen … J'ai trouvé ce moyen.

J'ai appris à créer des liens avec des gens seulement depuis mon propre âme, sans concession à mon être le plus profond. Il n'y a que cette façon de nourrir les liens. La seule chose à faire c'est de rester près de ma nature, afin de me connecter, avec mon âme et mon moi, aux autres avec amour et dévouement de sorte que chacun puisse garder son propre espace.

Je suis de retour au commencement : la petite fille contente de regarder le monde avec émerveillement, se réjouissant de ce qu'elle peut apporter au monde. Une fille qui « est », qui fait confiance à ses idées.

Je viens de passer un long weekend tranquille.
Le livre que j'ai lu était passionnant …
Mais je l'ai fini … samedi déjà.

Je réfléchis beaucoup. Parfois toutes ces pensées me fatiguent …
Ce ne sont pas des petites choses qui me préoccupent :

Comment dire avec précision et de façon concise ce que liberté signifie pour moi ?
Comment décrire l'amour en quelques phrases courtes ?
Comment raconter en un mot ce qui m'empêche de faire les choses qui me plaisent … ?
Comment faire correspondre ce que me dit mon sentiment le plus profond et l'autre réalité que je vois maintenant ?
Pourquoi y a-t-il autant de limaces dans le jardin ?

J'ai des réponses à quasiment toutes mes questions, mais c'est toute une histoire.
Bon, ça ne fait rien.
Mais pour la dernière question, j'ai une petite réponse. Je ne sais pas si la réponse est correcte. Je ne suis pas une spécialiste des limaces.

Le monde est ma maison
Au Centre des Pays-Bas – Une très bonne journée –
août 2014

Je suis en route pour aller prendre un café avec des amis.
On prend le … thé, dehors au soleil.
Nous en avions envie.
Nous nous plaisons bien en notre compagnie.

Un peu plus tard nous traversons un pré en direction de la rivière Waal.
Trois belles cigognes à l'allure solennelle se trouvent un peu plus loin. Tout à
coup elles s'envolent … ont-elles eu peur du chien ? C'est un très beau
spectacle : le contraste de leur corps blanc et noir contre les nuages menaçants,
qui viennent vers nous. On est d'accord pour dire, que nous serons épargnés
par l'averse.

On continue à marcher le long de la rivière. Je profite du paysage
superbe. De grandes péniches fendent l'eau. Et puis … il commence à
pleuvoir beaucoup, de plus en plus. Nous courons vers les bosquets pour nous
abriter. Bof, une petite averse d'été … mais il continue à tomber des cordes
… trempés nous regagnons la voiture.

Après un chocolat chaud, un délicieux repas, une bonne glace et une
promenade en ville la journée se termine.

Je retourne à mon domicile provisoire.
Les gens avec qui j'ai passé la journée, sont formidables.
Et … l'appartement qu'un de mes amis a trouvé sur internet sera peut-
être pour moi, qui sait …

Transformer

Je suis dehors. Il fait nuit. Les étoiles brillent.

Je suis consciente de l'énorme force créative de l'univers. Une force dont je fais partie, comme tout ce qui existe et vit dans cet univers. J'en suis l'expression créative, la manifestation de cette énergie comme tout un chacun.

Impossible de décrire mon sentiment profond … je ne trouve pas les mots … peut-être qu'ils n'existent pas dans notre langue. Je sais ce que je ressens … je sens qu'une puissance indescriptible, que nous utilisons très peu, nous attend. Si nous comprenons effectivement qui nous sommes, quelle est notre puissance, nous pourrons vraiment transformer le monde autour de nous en un lieu agréable, un lieu où il y a de la place pour tous, où nous pouvons nous apprécier mutuellement et nous voir tel que nous sommes vraiment. Un lieu où chacun vivrait selon son propre code-source et utiliserait ses talents en harmonie avec les autres.

Idéaliste ?
Utopique ?

Non.

Nous sommes capables de transformer le monde autour de nous. Nous devons seulement prendre conscience de notre propre potentiel.

Cette prise de conscience est … un engagement pour la vie. Cela veut dire … qu'il faut un travail … un travail à l'intérieur de nous-mêmes.

Si nous arrivons à faire taire cette petite voix intérieure, qui nous dit, que nous sommes incapables ou incompétents ou que nous ne sommes pas assez bons et que nous avons besoin de plus de choses et cétéra … nous pouvons tout faire, à condition de prendre conscience de notre puissance et de notre code-source. Et si nous agissons avec amour et dévouement, nous pourrons transformer et améliorer les choses pour nous-mêmes et pour notre entourage.

Ce travail sur soi-même en vaut la peine, croyez-en mon expérience !!

Le monde est ma maison
Au Centre des Pays-Bas – Construire – août 2014

Je suis « en attente ». Je dois encore patienter un peu avant de pouvoir donner une autre tournure à ma vie et de l'étendre vers un autre pays, une nouvelle destination.

Je réfléchis à tous les projets que je pourrais réaliser. Des structures au sein desquelles les gens pourraient se connecter entre eux, leur permettant de créer des liens. Je peux imaginer une multitude de structures. Mais … il est important pour moi de commencer par une structure. Pour avancer progressivement. C'est ainsi que je construirai mon existence.

Je vais commencer par faire connaissance avec le plus grand nombre de personnes possible. Comment ? En devenant membre de clubs et de réseaux existants. Ensuite j'inviterai les gens à « ma Table de Vin Pétillant » pour passer un moment agréable. On prendrait un verre et on mangerait un morceau, tout en discutant d'un thème donné ou d'un problème contemporain. Ce sera la première pierre que je poserai sur des fondations que j'ai déjà construites. Ma mission, mon travail sera de connecter les personnes, qui partagent ces idées.

J'ai acheté un jeu de Jenga. J'écris mes idées sur une petite pièce. Au fur et à mesure que le temps passe ces petites pièces vont progressivement devenir une maison solide. Une maison où la porte est ouverte à tous ceux qui veulent entrer. J'ai une mémoire visuelle, c'est pour cette raison que je prends la maison comme symbole.

Vous, mes lecteurs, vous avez probablement aussi des idées … j'aimerais bien les connaître. J'inscrirai ton idée avec ton nom sur une pièce de Jenga.   Bien-sûr je te ferai savoir quand ton idée prendra forme, et qui sait encore plus … mais je ne peux pas encore prévoir quel en sera l'impact.

Le monde est ma maison
Au Centre des Pays-Bas – A la veille de … – août 2014

Je suis à la veille de mon départ pour le Midi. La voiture est chargée. Tout ce dont j'ai besoin est à l'intérieur. Et finalement ce n'est pas tant que ça.

Que m'apportera la vie là-bas ? Quelles surprises y aura-t-il sur mon chemin ? J'ai envie de construire une nouvelle vie. Je suis curieuse de savoir ce qui sera facile et ce qui posera problème. J'ai des projets à réaliser, j'ai des idées. Mais je ne saurai pas vraiment comment ce sera, avant d'être sur place. C'est à moi de modeler ma vie.

Je parle la langue, je suis familière du mode de vie, mais je ne connais pas toutes les finesses … je vais les découvrir. J'aime la chaleur et la vie dehors, la nature et … les gens. J'aime découvrir les choses nouvelles dans d'autres cultures, les différentes façons de penser. Le mode de vie, les sentiments, les idées des autres me fascinent.

J'ai dit au revoir à mes enfants et à mes amis. Je ne le ressens pas comme un au-revoir ; j'emporte tout le monde dans mon cœur … que j'ai toujours avec moi, c'est pratique. Mes enfants et quelques amis viendront dans le Midi. Je reverrai les autres quand je serai aux Pays-Bas. Sinon il y a le téléphone, whatsapp et skype. C'est comme ça que nous garderons le contact.

Ma vie ailleurs est sur le point de commencer …

Je suis ouverte à tout ce qui adviendra.

Mon moment

Le moment est venu. Très souvent je voulais avoir tout, tout de suite et je restais accrochée à mes pensées. Il m'était impossible de tout structurer en même temps. Je devais encore vaincre mes doutes. Ou bien j'étais trop lente ou l'envie me manquait. Mais le cosmos a continué à frapper à ma porte : « Allo, réveille-toi ! C'est l'heure de te lever ». Heureusement le cosmos est patient. Rien n'est irréparable. J'ai ouvert ma porte et j'ai souhaité la bienvenue à mes hôtes et aussi à ceux que je ne voulais pas inviter. Mes hôtes sont arrivés sous des apparences très différentes : agréables et moins agréables, conviviaux, difficiles et collants ; des hôtes qui restaient trainer et dont je n'arrivais presque pas à me débarrasser, des hôtes anxieux et heureux, des hôtes, qui doutaient et ceux qui étaient sûrs d'eux. Comme j'ai fait entrer toutes sortes d'hôtes, mon jardin intérieur est devenu un fouillis. Mais j'y ai fait le ménage à fond. Avec amour, beaucoup de patience et énormément de travail j'ai arraché jour après jour les mauvaises herbes et j'ai pris soin de mes graines fertiles. Mon jardin continue à demander l'attention … tous les jours. Je remarque tout de suite quand j'ai oublié d'en prendre soin … les chimères reforment des racines, écrasent les bonnes graines et veulent sortir de terre … ou des hôtes désagréables rentrent par la porte de derrière et se cachent rapidement derrière les fleurs odorantes, où ils se moquent du petit jardin nourricier, où ils se repaissent de l'énergie, dont ils ont besoin. Ils se glissent à l'intérieur comme des parasites …

Tout cela a été nécessaire pour me libérer … libérée de mes chimères, de mes doutes, de mes angoisses. Pour vivre mon essence, avec ma propre vérité. Afin de dévoiler mon véritable moi. J'ai appris à faire confiance à ma force intérieure. Etre en sécurité dans toutes les circonstances, que la vie nous réserve. Mais quel chemin parcouru … quel chemin … et ce chemin continue encore.

Ma vie, ma vérité

Je suis prête à me vouer cœur et âme à mon Wise Way Web, mon réseau du « Chemin de Sagesse ». Je suis prête à construire mon réseau pierre par pierre, et de transformer ensemble le monde en un endroit meilleur. C'est à moi maintenant de réaliser mes projets. Rien ne pourra m'arrêter. J'ai perçu et compris les signaux que la vie m'a donnés. Mon âme criait pour être entendue, pour être exprimée.

Mais moi … je préférais me complaire dans des situations de prétendue sécurité à ces moments-là (la collaboration avec ma partenaire, mon travail à l'hôpital) au lieu de faire ce que je voulais faire vraiment. Mais mon âme ne se laisse pas trahir. Elle a continué à m'envoyer des signaux jusqu'au moment où j'ai voulu entendre son appel.

Mon cœur est ouvert. Et dans cette ouverture je rencontre d'autres personnes. Des gens qui veulent donner une autre tournure à leur vie, une vie telle qu'elle doit être vécue … Et puis il y a ceux qui m'abordent, parce que nous nous « reconnaissons » ; nous nous trouvons sur la même latitude, la même longueur d'onde.

Pas à pas j'ai montré ma vérité. Mot après mot j'ai exprimé ma vérité. Ma vie EST ma vérité. Je vis ma vérité. Ma vérité est reflétée dans tout ce que je fais, tout ce que je pense et tout ce que je dis.

Voilà où j'en suis. Voilà où je me trouve.

Je dis oui à moi-même, un OUI sans réserve.

Le moment est venu ...

Je laisse ce que je connais derrière moi pour découvrir ce qui
est inconnu, nouveau. J'entre dans un monde de possibilités
nouvelles.

Je prends la petite fille tendrement dans mes bras ; cette
petite fille courageuse, heureuse, émerveillée, que j'étais autrefois.
Je lui chuchote à l'oreille : « Je te protègerai. Je te soutiendrai.
Prends ton envol dans le monde, montre-toi, fais entendre ta
vérité. Raconte ton histoire. Raconte comment tu vois et ressens
les choses. Et qui sait ... si tu touches ne serait-ce qu'un seul
cœur ... tu auras gagné. Ce sera très bien. Abandonne-toi au
courant de la vie, c'est ce que tu veux, c'est ce qui est bon pour
toi, ce que tu crois ».

Lentement je tourne la page ... une nouvelle feuille se trouve
devant moi. Une feuille vierge avec une trace de plume ici ou là,
une esquisse ... et moi ... je continue à dessiner.

France, octobre 2014

Epilogue
Mon vœu le plus cher

Je sais que c'est possible, je le sens.
Mon vœu le plus cher ?

Avancer ensemble sur notre chemin, puis un petit bout tout seul, ensuite à nouveau ensemble, mais toujours profondément unis.

Je me représente un espace, où nous serions heureux, où nous nous respecterions les uns les autres, où nous nous voyions tel que nous sommes, où tout serait permis, du moment qu'il y ait un profond respect mutuel. Un espace stable, un espace où on croirait en l'autre, où on ferait confiance à l'autre et à nous-mêmes en toute franchise. Un espace où nous pourrions nous ressourcer et trouver de l'inspiration. Un espace où nous pourrions nous épanouir. Un espace où nous aurions des expériences communes, mais aussi nos propres expériences. Cela serait très bien.

Je m'imagine qu'ensemble nous enrichirons « le monde » avec notre récolte. Je vois, je ressens cette puissance, cette force entre nous.

Je te donne l'espace dont tu as besoin pour t'avancer à ton niveau, à ta façon et à ton rythme.
Moi aussi j'ai besoin de cet espace.
Je te soutiens quand tu le souhaites.
Je suis là quand tu as besoin de moi.
Je t'apprécie pour ce que tu es, tout entière.

C'est justement parce que tu es différente, que je vois que tu fais certaines choses autrement, je remarque que tu les vois autrement, j'entends que tu les dis autrement que moi.

C'est bien. Cela élargit mon horizon. Et à l'inverse cela peut élargir ton horizon à toi.
Ensemble nous créons une nouvelle forme.

A l'intérieur de cette liberté, que je peux t'offrir, je me sens unie avec toi.
C'est la liberté d'être tel que tu es.
Sachant que cette liberté est portée par notre union, notre amour.

C'est uniquement de cette façon que cela peut fonctionner pour moi.

Mon vœu le plus cher est de partager la « bulle d'amour ». L'espace que je veux connaître avec une personne assez ouverte pour oser vivre cette expérience avec moi.

Ma bulle d'amour.
Au moment où tu seras prête, dès que tu oseras partager cette expérience, je t'inviterai. Je t'inviterai à danser avec moi sur les vagues de l'océan de la vie. En apportant moi-même, comme toi, tu apporteras toi-même. Je me connais, je connais mes faiblesses, mes sensibilités, mes talents et ma force. Je suis consciente de me heurter à chaque fois à une part de moi-même que je n'aime pas. Je connais mes zones d'ombre et j'ai parfois du mal à les accepter, je laisse faire. Pour transformer - au bon moment - un bout d'ombre en lumière.

Je viendrai avec mon amour pour toi.
Je viendrai avec mon être entier.
Je viendrai avec mes intentions …
Je veux modeler cette bulle d'amour … avec toi.

C'est à nous, à toi ET à moi de dire oui sans réserve. OUI pour partager cette expérience ensemble, OUI à nous-mêmes, OUI à cette chance que la vie nous offre … ou … Non, si nous n'osons pas, parce que … parce que nous sommes gênées par des angoisses enfouies profondément ou par des barrières, que nous avons installées et qui nous empêchent d'avancer. Des barrières qui gênent notre chemin commun. Si nous pouvons dire OUI, nous serons capables de déplacer ces barrières pour ouvrir le chemin ensemble. Un chemin qui nous attend pour être découvert. Un chemin que personne avant nous n'a emprunté, parce que nous construirons cette route ensemble.

Le début de notre chemin est prêt. Nous pouvons continuer à chercher OU nous pouvons emprunter ce qui est déjà là et faire de nouvelles découvertes. A nous de choisir...

Je crois en cette façon de vivre. Une vie où je me donne entièrement et à laquelle je veux me vouer pleinement pour la construire.

Je suis prête.
Prête à continuer à voyager avec toi.
Prête à découvrir avec toi ce nouveau chemin, de nouveaux horizons, de nouveaux panoramas.

J'ai fait mes valises.

Mon cœur emporte ce qui est précieux, ce qui est important.

A la main j'ai juste une petite valise avec quelques objets pratiques.

Un rêve ?

NON

Je sais que c'est possible … je le sens.

Viens, donne-moi ta main pour découvrir ensemble un nouveau chemin.

AIE CONFIANCE !